하나님이 사랑하시는 소중한 딸

____________에게

이 편지를 전합니다.

많은 책들이 있지만 아침 큐티 시간 때마다 읽게 되는 책은 없었다. 그런데 이 책은 잠자리에서 일어나면 제일 먼저 읽고 싶은 책이 되었다. 내가 하나님에게 얼마나 특별한 존재인지를 상기해 주는 격려와 통찰력으로 가득한 책이다. _트리샤 고어

하늘 아버지가 독자인 딸에게 보내는, 페이지마다 예쁜 그림이 있는 사랑의 편지다. 성경 말씀에 근거한 멋진 선물이고 모든 여성들이 사랑받고 있다는 느낌으로 하루를 시작하고 마무리할 수 있게 한다. 여러 권을 사서 딸과 손녀들에게도 선물했다. _자넷 H. 맥헨리

개인적으로 이 책에 매우 감사한다. 하나님과의 관계를 다시 회복시켜 주었고 기도와 순결함의 능력을 비롯해서 많은 것들을 깨닫게 해 주었다. 십대부터 성인까지 모든 여성들에게 권한다. 졸업, 결혼, 각종 기념일 선물로 아주 사려 깊은 선물이다. _크리스천 북 리뷰

크리스천 여성이라면 꼭 읽어야 할 책이다. 나의 왕으로부터의 사랑의 편지를 읽고 내가 하나님의 딸인 것을 인식하면서 하루를 시작하는 것은 삶 속에서 만나게 되는 매일의 수많은 도전들과 담대히 대면할 수 있는 힘을 준다. 매일의 경건 생활에도 놀라운 힘이 될 뿐만 아니라 우리가 만나는 특별한 자매들에게 선물하기에 훌륭한 책이다. _도나 로드웰

이 책, 정말 감동적이다. 책을 읽고 난 후 그 다음 주에 있는 여성 리트릿 강사가 이 책의 저자 셰리 로즈인 것을 알고 깜짝 놀랐다. 그녀의 강의는 정말 즐거웠다. 그녀의 모든 책과 동영상을 진심으로 추천한다. 내가 받은 축복을 당신도 누리기를 소망한다. _뷰라

하루를 시작하기 전에 이 책의 아무 페이지나 펼쳐서 읽는데, 항상 긍정적인 마음으로 시작하도록 도와준다. _아네트 맥도날드

여성에 대한 부정적이고 패배의식을 심어 주는 메시지를 들으면서 자라온 내게 나의 구세주가 보내는 개인적인 편지 형식의 이 책은 큰 도전이 되었다. 성경 말씀에 근거해서 친근한 어투로 쓰인 진리들이 나를 향한 하나님의 친밀한 사랑을 느끼게 했다. 30년 이상 성경을 읽었는데 셰리 로즈는 보편적인 진리 가운데 있던 나를 진정한 정체성과 삶의 목적을 깨닫게 하는 은사로 인도했다. _말리우

이 책은 정말 환상적이다! 내가 하나님께 더 가까이 가도록 도와주었다. 하나님과 갈등 중이거나 하나님이 멀리 느껴지는 사람들에게 아주 좋은 책이다. 하나님의 사랑을 새롭게 느끼고 싶은 모든 사람들에게 권한다. _엘리사 버그

딸아,
너는 나의 보석이란다

**His Princess**
by Sheri Rose Shepherd


This edition published by arrangement with Multnomah Books, an imprint of Random House, a division of Penguin Random House LLC.

# 딸아, 너는 나의 보석이란다

| 한글판 |


셰리 로즈 셰퍼드 지음

나명화 옮김


Love Letters from your King


아바서원

# 차례

너희가 나를 택한 것이 아니라,
내가 너희를 택하여 세운 것이다.

_요한복음 15:16

*이 책에 쓰인 성경 말씀은 새번역 성경에서 인용한 것입니다.

시작하며

# 마음에서 마음으로

그때 나는 주말 여성 수련회 설교를 마치고 집으로 돌아오는 비행기 안에 있었다. 지친 몸을 의자등에 기대고 앉아서 지난 며칠 동안 멋진 자매들과 함께한 시간들을 회상했다. 우리는 함께 웃고, 울고, 잘 먹고, 잠은 거의 자지 못했다. 그렇게 많은 자매들이 안전함을 느끼며 자신의 고통을 내게 나누어 준 것은 나로서는 특권이었다.

하늘과 그 아래 펼쳐져 있는 구름을 응시하며 앉아 있는데 나의 새 친구들의 삶에서 기적을 보고 싶은 마음이 간절해졌다. 나는 궁금했다. 나의 설교 중 어떤 말이 에블린을 다시 시작할 수 있게 하고, 조이스의 아픔을 치유하고, 킴에게 용서할 힘을 주고, 샨에게 현재의 어려움을 통과할 수 있는 용기를 줄까?

인생은 마음대로 되지 않는다. 고작 주말 이틀 동안의 진리와 명료함, 설교가 그들의 삶을 향한 하나님의 부르심을 이루는 데 필요한 것들을 줄 수 있을까?

나는 나의 삶을 돌아보았다. 내가 하나님의 계획과 목적, 그리고 요청하기만 하면 내 것이 되는 하나님의 능력을 몰라서 허비했던 세월을 생각해 보았다. 나를 자기 파멸의 길과 약물 중독, 우울과 스트레스로 인한 폭식증으로 이끌었던 어리석은 선택들…. 그때 나의 소원은 살을 빼고, 예뻐지고, 인기를 얻는 것이었다. 약물 중독과 체중 감량을 극복하고 난 후에는 돈과 성공, 다른 사람들의 인정과 찬사에 끌려다녔다. 그러나 일에서의 성공과 미인대회에서의 수상도 나를 만족시키지는 못했다.

공허함과 고통 가운데 있는 나에게 한 선교사 부부가 하나님이 내게 주신 멋지고 영원한 왕관에 대해 말해 주었다. 영원한 생명이라는 하나님의 선물을 받아들였을 때 나는 마침내 해답을 얻었음을 알았다. 그럼에도 내 과거로부터 완전히 자유해지고 나를 향한 하나님의 부르심을 발견하기까지는 몇 년이 더 걸렸다. 그때서야 나는 새롭게 창조되었고, 나의 과거를 십자가에 내려놓을 수 있었다.

비행기는 나를 집까지 안전하게 데려다주었으나 그날 밤 나는 편치 않은 마음을 품고 집으로 돌아갔을 수많은 자매들 때문에 마음이 아팠다.

이런 생각을 하다가 우리가 과거의 아픔과 실패, 두려움을 넘어 하나님의 공주로 살아갈 수 있다는 사실을 깨달았다. 나도 안다. 우리가 우리 삶을 바라볼 때 자신을 왕족으로 생각하는 것이 얼마나 어려운 일인지. 그럼에도 하나님이 우리의 왕이시고 우리는 그분의 공주로 선택받았다는 것은 영원불변의 진리이다(벧전 2:9). 불행하게도 많은 사람들이 이 진리를 다른 사람의 인정과 우리 자신의 불안으로 채색된 거짓 정체성과 바꾸어 왔다.

그 다음 몇 달 동안 나는 우리가 진심으로 그분에게 귀 기울이고 그분의 말씀에서 그분을 찾고, 그분이 말씀하시는 것을 믿기만 하면 하나님이 우리에게 개인적으로 말씀하신다고 생각하는 것들을 글로 썼다.

당신의 영혼이 이 '사랑의 편지' 속에 깊이 잠길 때 당신이 누구인지, 왜 이곳에 있는지, 얼마나 사랑받고 있는지를 다시는 의심하지 않게 되기를 기도한다.

당신을 사랑합니다.

셰리 로즈

## 나의 보석, 내 딸아
## 내가 너를 선택했다

나는 땅의 기초가 세워지기도 전에 너를 나의 공주로 택했단다. 네가 스스로 공주라고 느끼지 못해도 너는 왕족이다.
나는 네가 나의 놀라운 계획대로 살아갈 준비가 될 때까지 기다려 줄 것이다.
지금은 어디서 시작하고 어떻게 해야 할지 잘 모를 것이다. 그럴 거야. 그럼 내가 매일매일 너한테 가르쳐 줄 수 있게 해다오. 먼저 내가 누구인지를 알아보려무나. 나는 왕 중의 왕이고, 주 중의 주이고, 너의 영혼을 사랑하는 자란다.
우리가 매일 단둘이 만날 때마다 내가 너에게 주고 싶은 복을 가로막고 있는 것들을 어떻게 하면 너의 삶에서 없앨 수 있는지 보여 주마.
나의 딸아, 기억해라. 내가 너를 택했지만 네가 나를 대변하는 왕의 딸로서 살아갈 것인지에 대한 선택권은 너에게 주어졌다.
네가 기꺼이 그렇게 살기로 선택하면 나는 너의 부르심을 이루는 데 필요한 모든 것을 너에게 줄 것이다.
너를 사랑한다.
너의 왕, 너를 택한 너의 주

너희가 나를 택한 것이 아니라, 내가 너희를 택하여 세운 것이다. 그것은 너희가 가서 열매를 맺어, 그 열매가 언제나 남아 있게 하려는 것이다. 그리하여 너희가 내 이름으로 아버지께 구하는 것은 무엇이든지 다 받게 하려는 것이다.

John 15:16

요한복음 15:16

## 나의 보석, 내 딸아
## 너는 나의 귀하고 귀한 딸이다

너는 왕의 딸이다. 그것도 단순한 왕이 아니고 모든 하늘과 땅의 하나님인 나의 딸이다. 내가 너를 기뻐한다! 너는 내 눈의 눈동자 같은 존재이다. 너의 육신의 아버지도 너를 사랑하지만 그 사랑은 완전하지 않다. 그 사랑이 아무리 크다 해도 오직 나의 사랑만이 완전하다. 나는 사랑이란다.

내가 너의 몸을 만들었고 너의 마음과 영혼을 지었다. 나는 너의 성격도 알고 너의 필요와 소원도 안다. 네 마음의 고통과 실망도 알고 무엇보다 너를 열렬히 그리고 끈기 있게 사랑한다.

나의 딸아, 나는 우리가 영원히 친밀한 관계를 맺을 수 있도록 대가를 지불하고 너를 나의 딸로 맞이했다.

우리는 조만간 아버지와 딸로 얼굴을 대면하여 만날 것이고, 내가 너를 위해 준비한 천국의 멋진 집을 네가 경험하게 될 것이다. 그 때까지 너의 눈을 하늘에 고정하고 나와 같이 걷자.

너를 사랑한다.

너의 왕, 너의 하늘 아버지

"그리하여 나는 너희의 아버지가 되고,
너희는 내 자녀가 될 것이다.
나 전능한 주가 말한다."

2 Corinthians 6:18

고린도후서 6:18

# 나의 보석, 내 딸아
## 너를 다른 사람에게 맞추려고 하지 마라

네가 사람들의 인정을 받고 싶어 하는 것을 내가 안다. 하지만 너는 너 자신을 다른 사람들에게 맞추도록 만들어지지 않았다. 너는 나의 공주로 아주 특별하게 창조되었다. 너는 너 자신이 주목받는 삶이 아니라 다른 사람들을 내게로 인도하는 삶을 살도록 창조되었다.

그러나 내 딸아, 기억해라. 생명에 이르는 길을 닦는 것은 너의 선택이다. 나는 네게 나와 함께 걸을 것인지 아니면 나를 떠날 것인지를 선택할 수 있는 자유의지를 주었다.

나는 무엇이든 강요하지 않는다.

다만 이것만은 알아 두거라. 너는 언제든지 원하기만 하면 공주의 왕관을 쓸 수 있고 네가 내 딸이라는 것을 사람들에게 알릴 수 있다.

왕족으로서의 부르심은 평생 유효하다. 너는 영원한 생명의 면류관을 쓰고 있고, 너를 통해 나는 네가 감히 꿈도 꾸지 못하는 많은 일들을 할 것이다.

너를 사랑한다.

너에게 공주의 면류관을 준 너의 왕

내가 지금 사람들의 마음을 기쁘게 하려 하고 있습니까? 아니면, 하나님의 마음을 기쁘게 해 드리려 하고 있습니까? 아니면, 사람의 환심을 사려고 하고 있습니까? 내가 아직도 사람의 환심을 사려고 하고 있다면, 나는 그리스도의 종이 아닙니다.

*Galatians 1:10*

갈라디아서 1:10

여호와의 말씀이다. 지금도 늦지 않았다. 이제라도
너희의 온 마음을 다해 내게 돌아오라.

Joel 2:12

요엘 2:12, CEV

## 나의 보석, 내 딸아
## 결코 늦지 않았다

나의 사랑아, 내게로 돌아오기에 너무 늦은 때란 없다. 내가 삶과 죽음의 선택권을 네게 주었을 때 아직 카운트다운은 시작되지 않았다. 너를 향한 나의 사랑에는 시간제한이 없다.

나는 오래 참을 수 있지만 네가 나와 함께하는 소중한 시간을 단 한순간도 놓치지 않았으면 좋겠구나. 너는 나를 찾기 위해 어디에도 갈 필요가 없다. 그냥 큰 소리로 나를 부르기만 하면 된다. 그러면 내가 네게로 갈 것이다. 지금까지 네가 어디에 가든지 나의 은총이 너를 따라다녔고, 네가 무엇을 하든지 나의 보혈로 너를 덮어 주었다.

나의 딸아, 오늘 내게로 오너라. 내가 너의 상한 곳을 만져 주고, 네가 잃어버린 것을 회복시켜 주겠다. 먼 훗날 너는 내 뜻대로 공주의 모습으로 변화된 이 순간을 생애의 전환점으로 추억하게 될 것이다. 지금 내게로 오너라.

너를 사랑한다.

한계를 모르는 너의 왕

## 나의 보석, 내 딸아
### 세상에서 나의 빛이 되어라

내가 너의 어둠 속으로 걸어 들어간 것은 네가 나를 위한 빛이 되도록 하기 위해서란다. 주위에 있는 모든 사람들의 삶을 환하게 만들 능력을 내가 너에게 주었는데 알고 있니?

너는 세상을 비추는 나의 빛이다. 그러니 나와 함께 걷자. 그러면 오늘 내가 나의 사랑과 능력으로 너의 삶을 환하게 밝혀 주마. 나를 의지해라. 그러면 네가 오늘 누군가의 어둠에서 빛이 되게 해주마.

불확실한 불안 아래 너의 빛을 감추지 말아라. 나와 더 많은 시간을 보내자. 그러면 저항할 수 없는 경건함으로 너를 빛나게 해주마.

네가 허락한다면 나는 하늘의 별처럼 네가 나의 별이 되어 빛을 발하고 상한 영혼들에게 소망을 주게 할 수 있단다.

너를 사랑한다.

세상의 참 빛인 너의 왕

너희는 세상의 빛이다. 산 위에 세운 마을은 숨길 수 없다. 또 사람이 등불을 켜서 말 아래에다 내려 놓지 아니하고, 등경 위에다 놓아둔다. 그래야 등불이 집 안에 있는 모든 사람에게 환히 비친다.

*Matthew 5:14-15*

마태복음 5:14-15

## 나의 보석, 내 딸아
## 일어나 달려라

항상 옳은 일을 하고 바른 말을 해야 한다는 부담감으로 자주 지치고 힘들어하고 있구나. 그 부담을 벗어라. 그것은 내가 준 것이 아니다.
세상 사람들은 그들이 보고 듣는 것으로 너를 판단하지만 나는 너의 중심을 본다. 네게는 나를 기쁘게 하고 싶고, 또 사람들에게 잘 보이고 싶은 두 가지 마음이 있다는 것을 안다. 그러나 인생이라는 인내의 경주에서 승리하고 싶다면 다른 사람의 인정을 받고 싶은 욕구는 내려놓고 나의 뜻과 나의 즐거움을 구해라. 너를 누르고 있는 짐들을 벗고 단순하게 살아라. 나의 은혜로 너의 걸음이 가벼워지고, 나의 선대함으로 다른 사람들이 네게 오는 것을 보게 될 것이다.
그래. 때로는 비틀거리고 넘어지기도 할 것이다. 그러나 네가 아무리 자주 넘어져도 내가 너를 일으켜 주겠다. 나와 함께 달리는 것이 너의 매일의 열정이 되게 해라. 그러면 내가 믿음의 결승선으로 너를 데려가 주겠다. 우리 함께 승리하자.
너를 사랑한다.
너의 왕, 너의 챔피언

경기장에서 달리기하는 사람들이 모두 달리지만, 상을 받는 사람은 하나뿐이라는 것을 여러분은 알지 못합니까? 이와 같이 여러분도 상을 받을 수 있도록 달리십시오.

*1 Corinthians 9:24*

고린도전서 9:24

## 나의 보석, 내 딸아
## 나는 길이다

네가 살아갈수록 나를 떠나서는 생명을 얻을 다른 길이 없다는 것을 알게 될 것이다. 나는 길이 없는 곳에 길을 만드는 자이다. 나는 너의 죄를 다 씻어 주고 몇 번이고 계속해서 새롭게 시작할 수 있게 하는 자이다.

네가 사람들과 교제하고, 물건을 사고, 목표를 달성하는 것에서 얻는 즐거움은 영원하지 않다. 세상의 트로피들은 한때는 빛이 나지만 언젠가는 모두 퇴색하고 만다.

나는 네가 필요로 하는 힘이고 네 인생의 목적이다. 내가 십자가에서 네게 준 것을 줄 수 있는 사람은 아무도 없다.

나의 딸아, 내가 약속한다. 나를 찾아라. 그러면 너는 영원한 생명의 비밀을 발견하게 될 것이다.

너를 사랑한다.

너를 위해 길을 만드는 너의 왕

"나는 네 하나님 여호와다.
가장 좋은 것을 네게 가르치고
네가 가야 할 길로 이끄는 하나님이다."

*Isaiah 48:17*

이사야 48:17, NIV

## 나의 보석, 내 딸아
## 나의 마음으로 보아라

나의 귀한 딸아, 내가 너에게 보여 줄 게 참 많구나. 세계 곳곳에서 일어나는 재난과 사고들 때문에 마음이 어렵지 않니? 네 마음을 안다. 지금 내게로 오너라. 그러면 너를 산꼭대기로 데려가마. 너의 영적인 눈을 열어서 무엇이 가장 중요한지를 보게 해줄게. 왜 그런 재난들이 일어나는지, 그것을 보는 나의 마음은 또 어떤지, 네가 무엇을 기도해야 하는지를 알게 될 거다. 너의 눈을 나에게, 그리고 내가 하는 말에 고정해라. 그러면 네 주변에 일어나는 모든 일에서 일하고 있는 나의 손을 보게 될 것이다. 세상의 시선이 너를 향하고 있다는 것을 기억해라. 그러니 내가 누구인지를 그들에게 보여 주어라.

너를 사랑한다.

너의 눈을 열어 주는 너의 왕

우리는 보이는 것을 바라보는 것이 아니라, 보이지 않는 것을 바라봅니다. 보이는 것은 잠깐이지만, 보이지 않는 것은 영원하기 때문입니다.

*2 Corinthians 4:18*

고린도후서 4:18

## 나의 보석, 내 딸아
## 나의 음성을 들어라

나는 항상 이곳에 있다. 내가 너무 바빠서 너와 대화하지 못하는 일은 결코 없다. 네가 나의 음성을 듣지 못하도록 방해하는 것들을 꺼버린다면 내가 네 마음속에서 말하는 것이 들리기 시작할 것이다.

네가 어디로 가야 할지 모를 때는 나의 영적인 지시를 듣게 될 것이고, 친구가 필요할 때는 "내가 여기 있다"는 나의 속삭임을 듣게 될 것이다. 위로가 필요할 때는 "내게로 오라"고 내가 너를 부르는 소리를 듣게 될 것이다.

너의 마음에서 울려 퍼지는 불안한 목소리 때문에 나의 조용하고 나지막한 음성을 듣지 못하는 일이 없게 해라. 마음을 고요히 하고 귀를 기울이면 내가 너의 하늘 아버지이고 너는 나의 귀한 딸이라는 것을, 그리고 나는 네가 내게 귀 기울이는 순간을 좋아한다.

너를 사랑한다.

너의 왕, 하늘 목소리

John 10:27

내 양은 내 음성을 들으며

나는 그들을 알며 그들은 나를 따르느니라.

요한복음 10:27, 개역개정

## 나의 보석, 내 딸아
## 능력 있는 기도를 해라

너에게는 누군가의 길을 막고 서 있는 산을 옮길 능력이 있다. 네가 시간을 내서 기도를 한다면 네가 내게 올려 주는 사람들의 삶으로 나의 능력이 들어갈 것이다.

나는 너의 기도를 듣는 왕이다. 기도의 용사인 내 딸아, 너에게는 우주의 하나님인 나에게 너를 대신해서 개입해 달라고 요청할 수 있는 권한이 있다! 어떤 문제나 사람에 대해 네 힘으로 해결하려고 애쓰지 마라. 나는 길이 없어 보일 때 길을 만들 수 있는 자이다.

눈으로 나를 볼 수 없다고 해서 너의 기도의 능력을 과소평가하지 마라. 믿음으로 나를 부르면 내가 너에게로 가서 일할 것이다.

너를 사랑한다.

너의 왕, 기적의 아버지

너희가 내 이름으로 구하는 것은, 내가 무엇이든지 다 이루어 주겠다. 이것은 아들로 말미암아 아버지께서 영광을 받으시게 하려는 것이다. 너희가 무엇이든지 내 이름으로 구하면, 내가 다 이루어 주겠다.

*John 14:13-14*

요한복음 14:13-14

# 나의 보석, 내 딸아
## 고난을 통해 승리해라

네가 지금 슬픔의 정원에 있는 것을 내가 안다. 밤의 어두운 시간 속에서 도와달라고 부르짖는 소리를 내가 듣고 있다. 나도 배반당한 그 밤에 그 동산에서 울부짖었단다. 고통 가운데서 덜 고통스런 다른 길을 달라고 나의 아버지께 부르짖었단다. 그러나 나는 나의 삶을 위한 아버지의 뜻과 목적을 신뢰했고, 결국에는 십자가에서 승리할 것을 알았다.

올리브를 짜야 올리브기름이 나오듯이 나는 너를 위한 사랑의 제물로 나의 생명을 쏟아부었다. 내가 너와 함께한다는 사실과 내가 너를 위로와 평안, 승리의 장소로 데려가기를 간절히 원한다는 것을 의심하지 마라.

네가 나를 볼 수 없을 때에도 나는 너를 위해 일하고 있다.

너를 누르고 있는 모든 상황들을 내게 넘겨주고 기도로 내게 오너라. 정원을 떠날 시간이 되면 내가 너와 함께 골짜기를 건너 곧바로 십자가로 갈 것이고, 그곳에서 너의 고난은 승리로 바뀔 것이다.

너를 사랑한다.

너의 구원자, 너의 승리자

여러분은 믿음의 시련이 인내를 낳는다는 것을 알고 있습니다. 여러분은 인내력을 충분히 발휘하여, 조금도 부족함이 없이 완전하고 성숙한 사람이 되십시오.

James 1:3-4

야고보서 1:3-4

우슬초로 나를 정결케 해주십시오. 내가 깨끗하
게 될 것입니다. 나를 씻어 주십시오. 내가 눈보
다 더 희게 될 것입니다.

*Psalms 51:7*

시편 51:7

## 나의 보석, 내 딸아
## 너의 몸을 귀하게 여겨라

너의 몸은 내가 준 선물이란다. 너는 너무나 소중하기 때문에 나쁜 사람이 그 선물을 열게 해서는 안 된다. 너는 나의 보물이고 나의 영이 네 안에 살고 있다. 너의 영과 몸이 네가 진리라고 생각하는 것들과 전쟁 중인 것을 내가 알고 있다.
사랑하는 딸아, 기억해라. 나는 너를 위해 싸워 줄 수 있다. 그러니 내가 주는 가장 좋은 것을 순간의 쾌락을 위해 타협하지 마라.
네 몸을 귀하게 여기지 않는 것이 당장에는 별 해로울 것이 없는 듯 보일지라도 그 고통은 쾌락만큼이나 가치가 없다.
잘 들어라, 내 딸아. 너의 영혼이 어떻게 되든 신경 쓰지 않는 세상 사람들을 따라 하지 마라. 네 자신을 내게 다오. 그러면 네가 찾고 있는 사랑을 내가 주겠다.
너를 사랑한다.
너의 왕, 너의 순결

## 나의 보석, 내 딸아
## 너의 죄는 영원히 용서를 받았다

나는 너를 위해 나의 생명을 기꺼이 주었다. 너의 왕인 나는 너의 죄가 용서받고 네가 생명의 면류관을 받게 하기 위해 십자가로 갔다. 그것은 당장의 면류관이 아니라 영원한 생명의 면류관이다.
만약 네가 이 용서의 선물을 거절한다면 그것은 나의 죽음이 너의 죄를 다 덮기에 충분하지 않다고 말하는 것이다.
나의 딸아, 이제 그만 너의 죄를 놔주고 너 자신과 너에게 상처 준 사람들을 용서해라. 네게 상처를 준 사람들이 회개하고 돌이키지 않으면 내가 반드시 갚아 줄 것이다.
네가 죄를 고백하면 나는 그것을 망각의 바다에 던져 버리고 두 번 다시 보지도, 기억하지도 않을 것이다. 그러니 나의 딸아, 너를 묶고 있는 죄를 이제는 놓아주고 자유롭고 충만한 삶을 살아라.
너를 사랑한다.
너의 왕, 예수

주님, 주님은 선하시며 기꺼이 용서하시는 분,
누구든지 주님께 부르짖는 사람에게는, 사랑을
한없이 베푸시는 분이십니다.

*Psalms 86:5*

시편 86:5

# 나의 보석, 내 딸아
## 네 상이 클 것이다

아무도 너를 주목하지 않을 때에도 나는 너를 보고 있다. 네가 아무도 돌보지 않는 다른 사람들의 필요를 채워 줄 때에도 나는 너를 보고 있다. 네가 스포트라이트가 없는 곳에서 관대한 손길을 베풀 때에도 나는 너를 보고 있다. 너의 이름이 세상이 알아주는 명판에 새겨지지 않더라도 나는 너를 보고 있다.

나도 안다. 너에게도 누군가의 인정이 필요하다는 것을. 하지만 그만 두지 마라. 네가 세상 어디에서도 살 수 없고, 모든 이의 칭찬에서도 발견할 수 없는 상을 내가 너에게 줄 것이다. 네가 나의 나라를 위해 한 모든 것을 빨리 축하해 주고 싶어서 참을 수가 없구나.

그 멋진 날, 내가 너와 너의 선한 일들을 모든 사람들이 보도록 높여 주는 그날이 될 때까지, 네가 이 땅에서도 나의 복들을 맛보게 하고 싶다. 네가 신실한 삶을 살아서 참 고맙다. 기다려라. 가장 좋은 것은 아직 오지 않았다.

너를 사랑한다.

너의 왕, 너의 상급

"보아라, 내가 곧 가겠다.
나는 각 사람에게 그 행위대로 갚아 주려고
상을 가지고 간다."

Revelation 22:12

요한계시록 22:12

# 나의 보석, 내 딸아
## 나를 따라 오너라

너의 발은 나를 따를 때 가장 아름답다. 나는 길이요, 진리요, 생명이다. 내가 너에게 발을 준 것은 네가 평생 동안 나와 함께 걷도록 하기 위해서다. 모세의 걸음이 나의 백성을 노예의 신분에서 끌어내었듯이 나와 함께 걷는 너의 걸음은 나의 거룩한 개입으로 가득하게 될 것이다.

내가 이끄는 대로 네가 따라온다면, 너는 우리가 같은 방향으로 함께하는 여정에서 나를 느끼게 될 것이다. 네 걸음이 좁은 길에서 벗어나지 않기를 바란다. 그러면 나는 네게 기름 부어서 네가 생명의 소식을 다른 사람들에게 전하게 할 것이다. 너는 내가 나를 알고자 하는 모든 자들에게 구원을 베푸는 하나님인 것을 그들에게 담대히 전하게 될 것이다. 나의 딸아, 나와 같이 걸어가자.

너의 영혼 안에는 삶을 바꾸는 나의 진리가 있다.

너를 사랑한다.

너의 왕, 너의 구원자

놀랍고도 반가워라! 희소식을 전하려고 산을 넘어 달려오는 저 발이여! 평화가 왔다고 외치며, 복된 희소식을 전하는구나. 구원이 이르렀다고 선포하면서, 시온을 보고 이르기를 "너의 하나님께서 통치하신다" 하는구나.

*Isaiah 52:7*

이사야 52:7

## 나의 보석, 내 딸아
## 너는 나의 진정한 아름다움이다

너의 아름다움은 나의 손으로 빚은 예술작품이란다. 나는 네게 생명의 말을 하는 아름다운 입술을 주었고, 모든 것에서 나를 볼 수 있는 아름다운 눈을 주었다. 또 어려운 사람들을 도울 수 있는 아름다운 손을 주었고, 세상 사람들에게 나의 사랑을 비춰 줄 아름다운 얼굴을 주었다.

내가 너를 보는 것처럼 네가 네 자신을 보지 못하는 것은 네가 곧 잊혀질 세상의 우상들과 너를 비교하기 때문이다. 나는 너의 내면이 진정한 아름다움을 발산하도록 놀라운 일을 할 것이다.

나의 작업이 끝나면 너의 성품은 나의 멋진 솜씨를 드러낼 것이고 너의 아름다움은 네가 사랑하는 모든 사람들에게 기억될 것이다.

너를 사랑한다.

빛을 발하는 너의 왕

우리의 딸들은 궁전의 아름다움을 돋보이게
하는 조각 기둥들 같을 것입니다.

*Psalms 144:12*

시편 144:12, NIV

## 나의 보석, 내 딸아
## 환난의 날에 너는 나와 함께 있다

내가 어떤 상황에서도 너와 함께 있음을 의심하지 말아라. 시련의 불이 아무리 뜨거워도 내가 있는 한 그 불꽃은 너를 태우지 못한다. 사드락과 메삭, 아벳느고가 불 속에서 믿음의 시험을 받을 때 내가 그들과 함께했던 것처럼 나는 너의 마음이 흔들리지 않고 나와 함께 이 환난을 통과할 수 있도록 도울 준비를 하고 있다.

나의 딸아, 지금은 보이지 않아도 너는 장차 불에 연단받고 나의 임재 가운데 정련된 귀한 은이 될 것이다. 내가 너를 태우려고 불 가운데 두지 않았다는 것을 기억해라. 네 마음이 힘들 때 나를 신뢰하고, 가장 뜨거운 불 속에서 내가 너를 위해 행하는 놀라운 일을 지켜보아라.

너를 사랑한다.

너를 단련시키는 너의 왕

주님은 나의 힘, 나의 방패이시다. 내 마음이 주님을 굳게 의지하였기에, 주님께서 나를 건져 주셨다. 내 마음 다하여 주님을 기뻐하며 나의 노래로 주님께 감사하련다.

*Psalms 28:7*

시편 28:7

## 나의 보석, 내 딸아
## 자유는 선택이다

나는 너에게 너를 묶고 있는 것들로부터 자유로워질 수 있는 열쇠를 주었다. 네가 그 열쇠로 축복의 문을 열어 내 안에서 복된 삶을 사는 것을 정말 보고 싶구나. 그러나 선택권은 너에게 있단다.
너는 내 안에서 완전한 자유를 누릴 수도 있고, 계속 묶여 있을 수도 있다.
나의 딸아, 내가 약속하건데 네가 원하는 생명 열쇠를 줄 수 있는 유일한 자는 나뿐이란다. 그 열쇠는 나의 말씀 속에 감추어져 있는데, 너의 기도로 힘을 얻고 네 안에 살고 있는 성령의 사역으로만 얻을 수 있단다. 사랑하는 딸아, 그 길을 선택하고 생명을 선택해라.
너를 사랑한다.
너의 왕, 너의 자유

그러므로 아들이 너희를 자유롭게 하면,
너희는 참으로 자유롭게 될 것이다.

John 8:36

요한복음 8:36

## 나의 보석, 내 딸아
## 네가 사랑하는 이들을 내게 맡겨라

내가 너의 마음을 왜 모르겠니. 네가 그들을 얼마나 사랑하는지 잘 안다. 나는 너의 창조주이고 모든 좋은 선물을 주는 자이다. 너의 삶을 나눌 사랑하는 사람들을 준 자도 나이다.

그러나 나의 딸아, 네가 사랑하는 사람들도 궁극적으로 내게 속한 자들임을 기억해라. 그들은 네게 속한 자들이 아니다.

내가 네게 그런 특별한 관계들을 준 것은 너를 아프게 하거나 미래에 대한 두려움으로 너를 통제하려는 것이 아니다. 아브라함이 그의 외아들 이삭을 내게 맡겼던 것처럼 나는 네가 마음을 열고 사랑하는 사람들을 내게 돌려주기 바란다.

그들에 대한 모든 걱정을 내게 맡겨라. 너의 손을 내 손에 얹어라. 내가 약속한다. 네가 이 세상에서 만나는 모든 일에서 나는 너와 너의 사랑하는 사람들과 함께 걸을 것이다.

너를 사랑한다.

신뢰해도 좋은 너의 왕

주님을 의지하는 사람은 시온 산과 같아서,
흔들리는 일이 없이 영원히 서 있다.

*Psalms 125:1*

시편 125:1

너희를 두고 계획하고 있는 일들은 오직 나만이 알고 있다. 내가 너희를 두고 계획하고 있는 일들은 재앙이 아니라 번영이다. 너희에게 미래에 대한 희망을 주려는 것이다. 나 주의 말이다.

*Jeremiah 29:11*

예레미야 29:11

# 나의 보석, 내 딸아
## 내가 너의 잃어버린 시간을 보상해 주겠다

네가 가끔 번민과 후회로 너의 인생을 되돌아보는 것을 내가 안단다. 중요하지 않은 것에 너무 많은 시간을 낭비했다고 후회하는 마음을 나도 이해한다. 그러나 사랑하는 딸아, 용기를 내라. 나는 너의 구속자이고 오늘은 새날이다. 나의 계획을 찾아서 지금 새롭게 시작해라. 내가 너에게 소망과 미래를 줄 것이다.
내가 요셉을 리더십과 영향력과 축복의 자리로 인도하려고 요셉의 인생에 고난을 사용했던 것처럼, 너의 성품을 다듬고 네게 필요한 모든 것을 위해 너의 과거를 사용할 것이다. 너의 과거의 경험이 너에게 교훈은 주되 너를 고문하지는 않았으면 좋겠구나.
나의 딸아, 기억해라. 나는 사람들이 네게 주었던 해로움을 선으로 바꿀 것이다. 잃어버린 것을 찾아 주고 너를 영원한 생명으로 가는 좁은 길에 둘 것이다.
너를 사랑한다.
너의 왕, 너의 구속자

# 나의 보석, 내 딸아
## 전쟁을 선택해라

너의 매일매일의 삶은 누군가와 또는 무언가와 치르는 전쟁이 될 것이다. 나는 네가 그 많은 전쟁들 중에서 싸울 가치가 있는 것을 위해서만 싸웠으면 좋겠다. 전쟁의 명분은 많고, 너를 대적하는 것들도 많다. 게다가 사탄은 내가 너에게 준 사명에 집중하지 못하게 하려고 너를 잘못된 전쟁으로 유혹할 것이다.

그러나 내 딸아, 너의 싸움은 혈과 육을 상대하는 것이 아니고 영적 세계의 악한 세력들을 상대하는 것임을 기억해라. 네가 누구를 위해 무엇과 싸워야 하는지를 잘 분별해서 잘못된 전쟁에서 시간과 에너지를 낭비하지 않도록 해라.

그리고 네가 나를 위해 전쟁을 선택했을 때는 두려워할 필요가 없다는 것을 기억해라. 기도로 나의 지원을 요청해라. 그러면 내가 나의 때에 네게 승리를 주고 고통받는 자들에게 공의를 행할 것이다. 잊지 마라. 영적 전쟁은 너의 무릎 위에서 벌어지고 너는 반드시 승리한다는 것을.

너를 사랑한다.

너의 왕, 너의 전사

주 너희의 하나님은 너희와 함께 싸움터에 나가
서, 너희의 대적을 치시고, 너희에게 승리를 주
시는 분이시다.

Deuteronomy 20:4

신명기 20:4

## 나의 보석, 내 딸아
## 너는 나의 선물을 받은 자다

나는 너에게 영원한 생명을 선물로 주었다. 그러나 내가 주는 것은 그것만이 아니다. 네 안에 네가 열어 주기를 기다리고 있는 초자연적인 놀라운 선물들을 두었단다.
그 선물들은 네가 추구해야 할 꿈 뒤에 감추어져 있으며, 너의 마음을 분산시키는 것들에 가려져 있고, 낙심의 강에 빠져 있다. 네가 일상의 분주함을 정리하고 그 선물을 발견하도록 내가 도울 수 있게 해다오. 너에게 가장 큰 기쁨을 주는 곳, 네 영혼이 간절히 머물고자 하는 곳, 네 손이 너무나 하고 싶어 하는 일 속에서 너는 그것을 발견하게 될 것이다.
그러나 이 선물은 너를 위한 것만은 아니다. 내가 너를 축복한 것은 네가 다른 사람들에게 축복의 통로가 되게 하기 위해서다. 나의 딸아, 내게 구해라. 그러면 네가 그 선물을 열어서 다른 사람들을 축복하도록 도와주마. 네가 상상할 수 없는 놀라운 축복이 너를 통해 흘러갈 것이다.
너를 사랑한다.
너에게 모든 좋은 것과 온전한 선물을 주는 너의 왕

각 사람은 은사를 받은 대로 하나님의 여러 가지 은혜를 맡은 선한 관리인으로서 서로 봉사하십시오.

1 Peter 4:10

베드로전서 4:10

# 나의 보석, 내 딸아
# 너의 삶은 교향곡이다

너는 나에게 아름다운 노래란다.
너의 삶은 한 음 한 음 내가 직접 작곡한 아름다운 교향곡이다.
너의 실패, 너의 눈물, 너의 승리를 재료로 천국에서 영원히 울려 퍼질 멋진 하모니를 만들었다. 너의 모든 생각과 행위들은 악보의 음표처럼 내 앞에 놓여 있다. 네가 하는 모든 선택은 편곡의 중요한 화음이다.
사랑하는 딸아, 세상의 소란스러움이 너의 멋진 멜로디를 망치지 않게 해라. 아침의 고요함 속에서 나를 찾아라. 그러면 내가 너의 마음을 거룩한 음악으로 가득 채워 줄 것이다.
하루 종일 나의 성령의 리듬 안에 머물러라. 그러면 내가 너의 삶에서 너와 함께 여행하는 모든 사람들의 가슴에 향기로운 향수처럼 오래 남을 사랑스러운 메들리를 만들어 주겠다.
절대적인 순복으로 나와 동행해라. 그러면 찬양의 랩소디로 다른 사람들을 내게로 가까이 데려오게 해주겠다.
너를 사랑한다.
너의 왕, 너의 작곡가

주님께서 나의 입에 새 노래를, 우리 하나님께
드릴 찬송을 담아 주셨기에, 수많은 사람들이
나를 보고 두려운 마음으로 주님을 의지하네.

*Psalms 40:3*



시편 40:3

## 나의 보석, 내 딸아
## 너의 집을 평안으로 채워라

너의 집을 완벽한 곳으로 만들기 위해 온갖 물건들로 채우려 한다면 아무리 채워도 만족감을 얻기 어려울 것이다. 나는 집을 천국 같은 가정으로 바꿀 아름다운 것들을 너에게 주고 싶다.
그러나 나의 딸아, 먼저 내가 네 안에 평안과 만족의 장소를 짓도록 해주길 바란다. 내 안에서 쉬고, 나를 기다리는 일에 최선을 다해라. 그러면 내가 너에게 가장 좋은 것을 줄 것이다.
나는 너의 가정이 내 안에서 사람들과 관계를 맺고 네가 나의 딸이라는 것을 드러내는 장소가 되기를 바란다. 네가 사랑하는 사람들은 어떤 물질적인 것보다 너를 필요로 한다는 것을 명심해라. 그러니 너의 가정을 기쁨으로 장식하고 영원한 추억들로 채우고, 내 안에서 아이들이 자라는 안전한 장소로 만들어라.
너를 사랑한다.
너의 왕, 너의 안식처

나는 평화를 너희에게 남겨 준다. 나는 내 평화를 너희에게 준다. 내가 너희에게 주는 평화는 세상이 주는 것과 같지 않다. 너희는 마음에 근심하지 말고, 두려워하지도 말아라.

*John 14:27*

요한복음 14:27

## 나의 보석, 내 딸아
## 너의 아름다운 손을 나를 위해 사용해라

너의 손은 나의 축복을 받았기 때문에 아름답다. 하늘을 향해 네 손을 들고 나를 찬양하길 바란다. 내게 구해라. 그러면 내가 너의 손에 기름 부어 상한 자들을 고치게 하고 어려운 자들을 도와주게 하겠다. 내가 네게 아름다운 손을 준 것은 나의 사랑으로 사람들을 어루만져 주게 하기 위해서다. 너의 손을 나의 나라를 위해 사용하면 네가 하는 모든 일을 내가 축복하겠다.

나의 딸아, 네가 그런 능력을 소유하는 것은 큰 특권이란다. 네가 나의 약속을 굳게 붙들 때 나는 너를 통해 놀라운 일을 할 수 있다. 네가 네 손으로 다른 사람들을 돕는 동안, 나는 네 삶의 모든 영역에서 나의 강력한 손을 사용할 것이다.

그러니 계속해서 세상 사람들에게 손을 내밀어라. 그리고 그들이 내가 진짜 하나님인 것을 알게 해라. 나의 손을 꼭 잡아라.

나는 결코 너를 떠나지 않는다.

너를 사랑한다.

너의 손을 꼭 잡고 있는 너의 왕

내가 너와 함께 있으니, 두려워하지 말아라. 내가 너의 하나님이니, 떨지 말아라. 내가 너를 강하게 하겠다. 내가 너를 도와주고, 내 승리의 오른팔로 너를 붙들어 주겠다.

*Isaiah 41:10*

이사야 41:10

## 나의 보석, 내 딸아
## 생명의 말을 해라

너의 입은 나의 말로 채워질 나의 것이다. 내가 너의 아름다운 입술에 기름 부어 생명이 없는 사람들에게 생명의 말을 해줄 능력을 주었다.

사람들은 아무 쓸모없는 말을 퍼뜨리는 데 그들의 입술을 사용하지만 나의 딸아, 너의 입은 사람들의 관점을 바꾸고 사람들이 돌이켜 내게로 오게 할 수 있는 권능을 가지고 있다.

너의 말은 어떤 값진 보석보다 귀하다. 매일 기도로 내게 오너라. 내가 너의 입을 사랑과 지혜와 격려로 가득 채워서 너의 입이 너를 보는 모든 사람들을 위한 나의 걸작품이 되게 하겠다.

너를 사랑한다.

너의 왕, 너의 카운슬러

그리스도의 말씀이 여러분 가운데 풍성히 살아 있게 하십시오. 온갖 지혜로 서로 가르치고 권고하십시오. 감사한 마음으로 시와 찬미와 신령한 노래로 여러분의 하나님께 마음을 다하여 찬양하십시오. 그리고 말이든 행동이든 무엇을 하든지, 모든 것을 주 예수의 이름으로 하고, 그분에게서 힘을 얻어서, 하나님 아버지께 감사를 드리십시오.

*Colossians 3:16-17*

골로새서 3:16-17

## 나의 보석, 내 딸아
## 나를 신뢰하며 걸으라

세상은 너의 귀에 이렇게 속삭인다. "네가 가진 것이 너의 정체성이 되고, 너의 외모가 너의 가치를 결정한다." 나의 딸아, 이것은 거짓말이다. 후세 사람들은 네가 쌓아 놓은 재산이나 네가 외모에 투자한 노력 때문에 너를 기억하지는 않을 것이다.

사실 네가 더 많은 것을 소유하고 더 예쁜 외모를 위해 애쓸수록 네가 누구이고 왜 이곳에 있는지에 대해서는 더욱 모르게 될 것이다.

나는 네 안에 있고 너는 내 안에 있다. 네게 필요한 모든 것은 내가 줄 것이다. 이제 나가서 네 주변에 있는 사람들의 삶에 영향력을 미치는 모든 것을 내가 너에게 주었음을 굳게 믿고 당당하게 세상을 누벼라.

너를 사랑한다.

네가 신뢰할 너의 왕

주님께서 네가 의지할 분이 되셔서 너의 발이
덫에 걸리지 않게 지켜 주실 것이다.

*Proverbs 3:26*

잠언 3:26

주님은 나의 피난처, 나를 재난에서 지켜 주실 분!
주님께서 나를 보호하시니, 나는 소리 높여 주님의 구원을 노래하렵니다.

*Psalms 32:7*

시편 32:7

# 나의 보석, 내 딸아
## 내가 너를 보호할 것이다

나는 너를 보호하는 방패다. 네 주변에 치열한 전쟁이 벌어질 때 내가 어디에 있는지 궁금할 때가 있다는 것을 안다.
때로는 버림받은 기분이 들기도 한다는 것을 내가 잘 안다.
하지만 내 딸아, 두려워하지 말고 믿음을 잃지 마라. 나는 항상 너와 함께 있고, 너를 보호해 줄 것이다. 그러니 너는 나를 믿어야 한다. 어떨 때는 내가 너를 안전과 회복의 피난처로 인도하기도 하지만 때로는 최전방에서 나와 함께 있기를 요구하기도 할 것이다.
진실을 말하자면 나는 너의 생명을 위협하는 어떤 거인도 죽일 수 있다. 그러나 양치기 소년 다윗처럼 앞으로 나가서 물맷돌을 집어들고 거인과 대면하는 것은 너의 몫이다. 나는 패배의 확률이 가장 크고 승리의 희망이 가장 작을 때 나의 능력을 드러내기를 좋아한다. 나는 진실로 너의 피난처이고 구원자이다. 네가 어디에 있든지 나는 너를 지켜 줄 것이다.
너를 사랑한다.
너의 왕, 너의 보호자

# 나의 보석, 내 딸아
## 절대 타협하지 마라

네가 약할 때 내가 너를 강하게 해주겠다. 이 세상에는 너의 마음과 영에 전쟁을 일으키는 많은 것들이 있음을 내가 안다. 그것은 너의 마음을 분산시키고 날마다 너의 성품과 확신을 시험하는 고난 같이 느껴진다는 것도 내가 잘 안다.
사랑하는 딸아, 기억해라. 인생은 드레스 리허설(무대 의상을 입고 정식으로 하는 총연습-역주)이 아니다. 인생은 진짜다. 나는 이 시험을 통해 네가 나를 신뢰하도록 훈련시키고 있다. 나는 오늘 너에게 장차 천국에서의 삶을 준비시키고 있는 것이다. 그러니 기도로 나의 능력을 구하고 유혹이나 타협에 굴복하지 마라. 그것들은 네가 걷는 의로운 길에 놓여 있는 유사(올라서면 빠져 버리는 젖은 모래층-역주)와 같다. 나에게 꼭 붙어서 나의 능력을 붙들어라. 그러면 그 길을 잘 통과할 수 있을 것이다. 악한 바람이 너의 믿음의 불길을 꺼버리려고 하거나 타협하라고 유혹할 때마다 나의 진리 위에 굳게 서라. 나는 너의 든든한 반석이고 나의 능력 안에서 너는 어떤 것이든 이길 수 있다.
너를 사랑한다.
너의 왕, 너의 반석

여러분은 사람이 흔히 겪는 시련 밖에 다른 시련을 당한 적이 없습니다. 하나님은 신실하십니다. 여러분이 감당할 수 있는 능력 이상으로 시련을 겪는 것을 하나님은 허락하지 않으십니다. 하나님께서는 시련과 함께 그것을 벗어날 길도 마련해 주셔서, 여러분이 그 시련을 견디어 낼 수 있게 해주십니다.

1 Corinthians 10:13

고린도전서 10:13

## 나의 보석, 내 딸아
## 네가 심겨진 곳에서 자라거라

가끔 너의 삶이 어떤 가치가 있는지 궁금하지 않니?
내가 확실하게 말해 줄 수 있는 것은 내가 너를 주변 사람들에게 영향을 주는 사람으로 쓸 수 있다는 것이다.
감옥에 있는 바울을 사용했던 것처럼 나는 네가 어디에 있고 어떤 환경에 처해 있든지 너를 사용할 것이다.
내가 나의 거룩한 말로 네게 물을 주게 해다오. 그러면 너는 어디에 심겨져 있든지 활짝 꽃피기 시작할 것이다. 기도로 내게 와서 내가 나의 영으로 네게 힘을 주게 해다오. 비록 지금은 너의 수고에 대한 추수를 보지 못할지라도 내가 약속하건데 언젠가 사람들이 네가 베풀었던 친절과 지혜로운 말들, 사랑을 기억하게 될 것이다.
그러니 나의 귀한 딸아, 인생의 의미를 찾고 있는 이 세상에서 네가 꽃을 피우도록 내가 너를 도울 수 있게 해주렴.
너를 사랑한다.
너의 왕, 너의 인생 정원사

하나님을 사랑하는 사람들, 곧 하나님의 뜻대로
부르심을 받은 사람들에게는, 모든 일이 서로
협력해서 선을 이룬다는 것을 우리는 압니다.

*Romans 8:28*

로마서 8:28

## 나의 보석, 내 딸아
## 나의 때를 기다려라

나의 딸아, 나를 기다려라. 나의 타이밍은 항상 완벽하다. 네가 여러 가지 일로 염려하는 것도 알고, 너의 마음에 둔 모든 계획에 열정이 있는 것도 내가 안다. 네가 간절히 날고 싶어 하는 것도 잘 안다.

그러나 포도원 재배자가 포도나무를 기르며 추수할 때는 참을성 있게 기다리는 것과 같이 나도 네가 많은 열매를 맺도록 준비시키기 위해 지치지 않고 일하고 있다. 나보다 앞서 달리거나 나의 계획이 이루어지기 전에 날아오르려고 하지 마라. 너의 힘은 너를 실망시키고 너의 꿈을 시들게 할 것이다.

너를 위한 나의 꿈들은 네가 꿈꿀 수 있는 것보다 훨씬 크다는 것을 믿어라. 나의 축복의 때를 끈기 있게 기다리면 너는 더 멀리 달릴 수 있고 더 높이 날 수 있다. 지금 내게로 가까이 와라. 이 기다림의 시기가 너에게 가장 좋은 보상을 선사할 것이다.

너를 사랑한다.

너의 왕, 완벽한 타이밍의 주인

오직 주님을 소망으로 삼는 사람은 새 힘을 얻으리니, 독수리가 날개를 치며 솟아오르듯 올라갈 것이요, 뛰어도 지치지 않으며, 걸어도 피곤하지 않을 것이다.

*Isaiah 40:31*

이사야 40:31

## 나의 보석, 내 딸아
## 내가 너의 마음을 만져 줄게

낙심하지 마라, 나의 딸아. 고통은 삶의 일부란다. 그러나 약속하건데 내가 너의 모든 눈물을 기쁨으로 바꾸어 줄 것이고, 너의 아픔을 거룩한 목적으로 쓸 것이다. 너의 상처를 내게 숨기려고 하지 마라. 나는 너의 모든 것을 안다. 너는 나의 것이다.
나의 딸아! 너의 마음을 어루만져서 다시 건강하고 온전하게 회복시킬 수 있는 존재는 나뿐이다. 나 역시 큰 고통과 배척, 분노를 겪었단다. 그러나 우리는 모든 시험을 통과할 수 있다. 나는 폭풍이 지나고 난 후에 너를 나의 평안과 기쁨의 장소로 인도할 것이다.
태양이 다시 네 위에 비칠 것이고 너의 마음은 치유될 것이다.
나의 딸아, 내가 약속한다. 네가 고난의 깊은 물 가운데를 지날 때 내가 너와 함께 있겠다. 역경의 강물 가운데를 지날 때에도 너는 물에 빠지지 않을 것이고, 핍박의 불 속을 걸을 때에도 너는 불에 타지 않을 것이다.
너를 사랑한다.
너의 왕, 너의 치유자

그러나 이제 야곱아, 너를 창조하신 주님께서 말씀하신다. 이스라엘아, 너를 지으신 주님께서 말씀하신다. "내가 너를 속량하였으니, 두려워하지 말아라. 내가 너를 지명하여 불렀으니, 너는 나의 것이다. 네가 물 가운데로 건너갈 때에, 내가 너와 함께 하고, 네가 강을 건널 때에도 물이 너를 침몰시키지 못할 것이다. 네가 불 속을 걸어가도, 그을리지 않을 것이며, 불꽃이 너를 태우지 못할 것이다."

*Isaiah 43:1-2*

이사야 43:1-2

## 나의 보석, 내 딸아
## 내 안에서 담대하라

나의 딸아, 옳은 일 행하기를 두려워하지 마라. 내가 항상 너보다 앞서 가서 길을 예비할 것이다. 내가 다니엘을 사자의 입에서 구했고 다윗을 적들의 손에서 구해냈다.
너는 내가 어떤 상황도 다스릴 수 있을 만큼 강하다고 믿니?
나는 너에게 가장 좋은 것을 주고 싶구나. 너의 힘이 아니라 나의 능력과 힘 안에서 담대히 행해라. 성령의 검과 진리의 허리띠, 의의 갑옷, 믿음의 방패로 무장하고 모든 상황과 대면해라.
내가 네게 힘을 주고 보호할 것이니 어떤 순간에도 등을 돌리고 도망가지 마라.
다만 굳게 서서 기도하고 너의 담대함이 다른 사람들에게로 전염되는 것을 지켜보아라.
너를 사랑한다.
너의 왕, 너의 담대한 대장

"마음을 강하게 하고 용기를 내십시오. 그들 앞에서, 두려워하지도 말고 무서워하지도 마십시오. 주 당신들의 하나님이 당신들과 함께 가시면서, 당신들을 떠나지도 않으시고 버리지도 않으실 것입니다."

*Deuteronomy 31:6*

신명기 31:6

# 나의 보석, 내 딸아
## 나는 너를 섬기러 왔다

네 자신이 귀하게 느껴지지 않을 때에도 나의 딸아, 너의 왕인 내가 너를 섬기기 위해 이 땅에 왔다는 사실을 잊지 마라. 나는 너를 창조했을 뿐만 아니라 너의 삶을 붙들고 있고, 너의 심령을 위로하고, 너의 필요를 공급한다.

네가 너무나 귀하기에 나는 너를 되찾기 위해 십자가에서 아주 비싼 몸값을 지불했다. 나는 네가 범한 모든 실패와 실수를 취하여 나의 영광을 위해 기적적으로 사용할 수 있다.

나는 참을성이 많고 친절하고 자비롭다. 나는 사랑이기 때문이다. 너의 죄가 용서받았으니 이제 과거의 너에서 돌이켜 내가 부른 대로 새로운 네가 되었으면 좋겠구나. 내가 너를 도와줄 수 있게 해다오. 나는 네가 어떤 모습이든 상관없이 너를 사랑하는 너의 주님이다.

너를 사랑한다.

너를 위해 온 너의 왕

인자는 섬김을 받으러 온 것이 아니라 섬기러 왔으며, 많은 사람을 위하여 자기 목숨을 몸값으로 치러 주려고 왔다.

*Matthew 20:28*

마태복음 20:28

# 나의 보석, 내 딸아
## 생명의 길로 걸어라

사랑하는 딸아, 네 앞에는 항상 두 갈래의 길이 있다. 사람들에게 인기가 있는 길은 평탄하고 이미 많은 사람들이 밟았기 때문에 그 바닥이 매끄럽게 닦여 있다.

그러나 군중이 모르는 것이 있는데 그 길은 후회와 죄책감으로 가득하고 결국 죽음에 이른다. 또 그 길은 너의 왕인 내게서 멀어지게 하는 길이다.

네가 지금 그 길로 가고 있다면 소리쳐서 나를 불러라. 내가 네게로 가서 파멸의 길에서 너를 건져내어 다시 생명의 길로 옮겨 주겠다. 너의 발은 생명에 이르는 길을 걷도록 만들어졌다.

나의 말씀 안에서 너는 지혜와 방향을 알려 주는 표지판을 발견하게 될 것이다. 그러니 나의 딸아, 말씀 읽기를 계속하고 생명의 길로 계속 걸어라. 그러면 이 땅의 순례길에서 참 기쁨을 맛볼 것이다.

너를 사랑한다.

길이요 진리요 생명인 너의 왕

내가 너희에게 준 명령을 잘 따르고 너희 하나
님 여호와를 사랑하고 그 분의 모든 길로 행하
며 그 분을 단단히 붙들어라.

Deuteronomy 11:22

신명기 11:22, NIV

고운 것도 거짓되고, 아름다운 것도 헛되지만,
주님을 경외하는 여자는 칭찬을 받는다.

*Proverbs 31:30*

잠언 31:30

# 나의 보석, 내 딸아
## 왕족답게 입어라

나의 딸아, 나는 너를 왕족으로 불렀다. 그러니 사람들에게 잘 보이기 위해 세상의 유행에 너를 맞출 필요가 없단다. 세상은 너의 옷차림으로 너의 정체성을 가늠한다는 사실을 기억해라.
나는 네가 옷차림으로도 나를 존중하고 네가 나의 딸임을 보여주었으면 좋겠구나. 시선을 끌기 위해 옷을 입을 필요는 없다.
나는 너의 내면과 외모를 바꾸는 전문가이다. 어떤 패션 디자이너보다 너를 더 아름답게 꾸밀 수 있다. 너의 선함과 아름다움은 네가 나를 드러낼 때 빛을 발할 것이다.
사랑하는 딸아, 너의 몸을 노출시키는 옷을 만드는 사람들은 나처럼 너를 사랑하지 않는다. 옷으로 너의 육체가 아니라 나의 영을 드러내어라. 오늘 너는 왕족의 옷을 입어라.
너를 사랑한다.
너의 영원한 아름다움, 너의 왕

# 나의 보석, 내 딸아
## 두려워하지 마라

나의 딸아, 지금 어둠과 두려움에 묶여 있지는 않은지 모르겠구나. 만일 그렇다면 내게 와서 네가 두려워하는 것을 말해라. 너의 미래나 건강, 상황, 재정, 안전이 두렵니? 무엇이든 내게 말해라.
나는 창조주이고 만물의 왕이다. 나는 우주의 모든 자원을 소유하고 있고, 나의 지식이나 능력을 벗어나는 것은 아무것도 없다.
나는 너의 하나님이고 구원인 것을 기억해라. 나는 네가 감당할 수 없는 것을 주지 않는다. 무엇이든 믿음으로 내게 구하고 내가 네게 말하는 것에 순종해라.
그러면 두려움이 너의 마음에서 연기처럼 사라질 것이다.
나는 너의 하나님이고 너를 돌보는 것을 기쁨으로 여긴다.
그러니 나의 딸아, 두려워하지 마라. 나는 항상 네 옆에 있다.
너를 사랑한다.
두려움 없는 너의 리더, 너의 왕

주님이 나의 빛, 나의 구원이신데, 내가 누구를
두려워하랴? 주님이 내 생명의 피난처이신데,
내가 누구를 무서워하랴?

Psalms 27:1

시편 27:1

# 나의 보석, 내 딸아
## 진리를 알아라

딸아, 우리의 처음 관계로 한번 돌아가 보자. 네가 처음에 나에게 너의 주, 너의 왕이 되어 달라고 요청했던 때가 기억나니? 나는 그 순간을 생생하게 기억한단다. 바로 그 순간에 내가 너의 이름을 나의 생명책에 기록해 두었기 때문이다. 그리고 그날 너는 나와 사랑의 관계를 맺게 되었고 하늘의 모든 천사들이 그 사실을 기뻐했단다!

우리의 관계는 그 무엇에 의해서도 절대 깨어질 수 없다.

한때 너는 잃어버린 딸이었지만 지금은 찾았고 나의 영이 네 안에 살고 있다. 너는 나의 것이다!

삶의 분주함과 혼란스러움이 네가 나를 친밀하게 알아가는 것을 방해하지 못하도록 해라. 진리 위에 서서 읽고 기도하고 순종하며, 네가 나의 공주, 나의 택한 딸이라는 놀라운 진리 안에서 걸어라!

너를 사랑한다.

너의 왕, 너의 진리

예수께서 자기를 믿은 유대 사람들에게 말씀하셨다. "너희가 나의 말에 머물러 있으면, 너희는 참으로 나의 제자들이다. 그리고 너희는 진리를 알게 될 것이며, 진리가 너희를 자유롭게 할 것이다."

John 8:31-32

요한복음 8:31-32

# 나의 보석, 내 딸아
## 나는 너의 평안이다

나는 너의 영혼과 마음에 쉼과 평안을 주기를 간절히 원한다. 때로 인생은 문제가 끊임없이 일어나 평안이라고는 없는 것처럼 보이고 세상은 증오, 시기, 온갖 악들로 가득 차 있는 것이 사실이다.
그러니 사람들 속에서 평안을 찾거나 문제가 없는 곳에서 살려고 애쓰지 마라. 세상이 주는 평안은 거짓 희망과 결국에는 무너질, 사람이 만든 우상들 위에 세워진 것이다.
그러나 내가 주는 평안은 어떤 시련과 고난도 뛰어넘을 것이다. 그 평안은 초자연적이기 때문이다. 그러니 너를 보살피는 나의 손길 아래 머무르고, 네가 통제할 수 없는 것들을 놓아 버려라. 그때에야 너는 진정한 평안을 누릴 수 있게 된다.
혼돈과 혼란 가운데서 나는 항상 너의 피난처, 평안의 처소가 되어 줄 것이다. 나의 딸아, 내가 네게 공짜로 주는 이 평안을 다른 사람들과 함께 나누기를 바란다.
너를 사랑한다.
너의 왕, 너의 완전한 평안

나는 평화를 너희에게 남겨 준다. 나는 내 평화를 너희에게 준다. 내가 너희에게 주는 평화는 세상이 주는 것과 같지 않다. 너희는 마음에 근심하지 말고, 두려워하지도 말아라.

John 14:27

요한복음 14:27

# 나의 보석, 내 딸아
## 내게로 오너라

나는 네가 태어나기도 전에 너를 보았다. 그때부터 너는 나의 마음에 있었다. 내 딸아, 나는 네가 오는 것을 알았고 너에게 나의 사랑을 표현하고 나의 초대장을 보내기 위해 가능한 모든 것을 했다.

너는 나의 것이니, 나는 네가 계속 내게로 오기를 원한다. 네가 강하다고 느낄 때도 내게로 오고, 약하다고 느낄 때도 내게로 오너라. 네가 기쁠 때도 내게로 오고, 네 심령이 완전히 깨졌을 때도 내게로 오너라. 내게로 와서 배워라. 나는 너에게 안식을 주고 싶을 뿐만 아니라

가르쳐 주고 싶은 것들이 너무도 많다. 나 자신도 네게 더 보여주고 싶다. 너도 알겠지만 내가 너를 위해 창조한 것은 이 타락한 세상이 아니었다. 내가 창조한 것은 낙원이었다. 그러나 죄의 저주가 우리를 갈라놓았다. 나는 너를 위해 나의 아들을 죽게 해서 죄와 죽음을 이겼다. 그러니 내게로 와라. 그리고 내 안에서 살아라.

너를 사랑한다.

너를 기다리는 너의 왕

"수고하며 무거운 짐을 진 사람은 모두 내게로 오너라. 내가 너희를 쉬게 하겠다. 나는 마음이 온유하고 겸손하니, 내 멍에를 메고 나한테 배워라. 그리하면 너희는 마음에 쉼을 얻을 것이다."

*Matthew 11:28-29*

마태복음 11:28-29

# 나의 보석, 내 딸아
## 하늘에서 받을 놀라운 선물을 기대해라

하늘에 있는 놀라운 보물을 너에게 줄 날이 속히 왔으면 좋겠구나.
나의 딸아, 나는 곧 올 것이고 내가 오면 너에게 줄 상이 있다.
나는 이 땅에서도 너의 삶을 축복하지만, 하늘에서 너를 기다리고 있는 영원한 기쁨과 축복의 선물은 네가 이 땅에서는 보지도, 경험한 적도 없는 것이다.
사랑하는 딸아, 지금의 모든 순간을 중요하게 여겨라.
네가 오늘 한 일은 영원토록 메아리칠 것이다. 연못의 물결처럼 네가 나를 위해 한 수고와 신실한 충성은 이 땅에서의 삶을 넘어 영원으로 퍼져 나갈 것이다.
기억해라. 우리가 영원의 세계에서 함께할 때 네가 열어 보게 될 선물은 억만금으로도 살 수가 없다는 것을.
너를 사랑한다.
너의 영원한 보물, 너의 왕

"보아라, 내가 곧 가겠다. 나는 각 사람에게 그 행위대로 갚아 주려고 상을 가지고 간다. 나는 알파며 오메가, 곧 처음이며 마지막이요, 시작이며 끝이다."

*Revelation 22:12-13*

요한계시록 22:12-13

## 나의 보석, 내 딸아
## 너는 나의 아름다운 신부다

너는 나의 아름다운 신부란다! 우리가 하늘에서 함께 기뻐할 날이 곧 온다. 이 세상의 어떤 결혼식도 그 놀라운 날에 우리가 나누게 될 축하연에 비할 수는 없다!
세상의 결혼식에서도 가장 아름다운 신부가 되어 신랑을 맞이하기 위해 신부와 가족들이 최선을 다해 준비를 하지 않니?
나의 신부야, 나는 하늘에 있는 너의 신랑이고 너를 위해 이미 모든 준비를 마쳤다. 너의 삶이 완벽하지 않다고 걱정하지 말아라.
그 영광스러운 결혼식 날 나는 너를 하늘의 모든 존재가 보기에 흠없는 순결한 신부로 만들 것이다.
그래서 오늘 내가 너에게 요구하는 바는 너의 마음을 나의 것으로 가득 채우라는 것이다. 나의 신실함과 자비, 인자함이 결혼식 성소를 가득 채울 아름다운 음악이 되게 해라.
나의 신부야, 너는 그 멋진 날에 나의 영광의 아름다운 드레스를 입게 될 것이고, 깊고 높은 하늘의 모든 기쁨이 너의 것이 될 것이다.
너를 사랑한다.
너의 왕, 너의 신랑

기뻐하고 즐거워하며, 하나님께 영광을 돌리자. 어린 양의 혼인날이 이르렀다. 그의 신부는 단장을 끝냈다.

*Revelation 19:7*

요한계시록 19:7

## 나의 보석, 내 딸아
## 조건없이 사랑해라

나는 너에게 다른 사람을 사랑할 자유를 주었단다. 그러니 너에게 고통을 준 사람들 때문에 네가 사랑의 기쁨을 경험하지 못하는 일이 없으면 좋겠구나.
마음을 주는 것에는 항상 위험이 따르지. 나도 안다. 하지만 나는네가 특별한 우정의 선물을 즐기도록 너를 창조했다. 다만 너의 시간과 에너지를 투자할 사람을 지혜롭게 선택하고 네가 사랑하는 사람들에게 실패할 자유도 주어라.
기억해라. 나처럼 완벽하게 너를 사랑할 사람은 없다. 인간관계에서 오는 실망을 내게 넘겨준다면 너는 조건없이 사랑을 주고받을 수 있을 것이다.
나의 딸아, 기억해라. 사랑을 받을 자격이 가장 부족한 사람에게 사랑이 가장 필요하단다.
너를 사랑한다.
사랑인 너의 왕

무엇보다도 먼저 서로 뜨겁게 사랑하십시오.
사랑은 허다한 죄를 덮어 줍니다.

1 Peter 4:8

베드로전서 4:8

네가 하는 일을 주님께 맡기면,
계획하는 일이 이루어질 것이다.

*Proverbs 16:3*

잠언 16:3

## 나의 보석, 내 딸아
## 너의 계획을 내게 맡겨라

네 인생이 어떻게 되었으면 좋겠다는 식의 너의 계획이 있는 줄 안다. 오늘도 하루를 어떻게 보낼까 계획을 세웠겠지? 너를 사랑하는 나에게 너의 오늘과 내일의 모든 계획을 맡겨 주지 않겠니? 그러면 내가 너의 인생에 특별한 것으로 개입할 수 있단다.
그렇게 된다면 너의 인생은 네가 계획한 것보다 훨씬 많은 즐거움을 누리게 될 것이다. 나는 네 마음의 모든 소원을 알고 있고, 네가 스스로 이룰 수 있는 것보다 더 많은 것을 너에게 주고 싶다.
그러니 내가 너의 계획을 평범한 것에서 특별한 것으로 바꿀 기회를 다오. 내가 너를 위해 설계해 둔 인생은 아주 특별하단다.
너를 사랑한다.
너의 왕, 너의 설계자

# 나의 보석, 내 딸아
## 나는 무엇이든 할 수 있다

나의 딸아, 나의 능력은 바로 너를 위한 것이란다. 네가 믿지 못한다 해도 사실이다. 오늘도 나의 전능한 손이 너의 삶 속에서 일하고 있다. 그것을 보지 못하도록 방해하는 것은 바로 너 자신이다.

나는 나의 아들 예수를 죽은 자들 가운데서 살려 내기 위해 사용했던 것과 동일한 능력을 네 안에 두었다. 과거의 실망이나 두려움 때문에 너의 필요를 나에게 말하지 못하거나 나의 완벽한 타이밍을 믿지 못하는 일이 없으면 좋겠구나.

온 마음으로 나를 찾고, 나를 섬기고, 내가 말하는 모든 것에 순종해라. 내가 한 말과 약속은 반드시 이루어진다.

혹 세상이 너를 낙심시킬지라도 나는 너를 다시 회복시켜 줄 것이다. 세상 끝날까지, 그리고 영원히 나는 너에게 신실할 것이다.

너를 사랑한다.

너의 신실한 왕

주님께서 모세에게 대답하셨다. "나의 손이 짧아지기라도 하였느냐? 이제 너는 내가 말한 것이 너에게 사실로 이루어지는지 그렇지 아니한지를 볼 것이다."

Numbers 11:23

민수기 11:23

## 나의 보석, 내 딸아
## 내게 붙어 있어라

나는 포도나무이고 너는 가지다. 나는 너의 영적인 생명선이고 너는 모든 이들이 맛보는 열매를 맺는 나의 아름다운 가지다.
나는 네 안에서 너와 함께 있다. 우리는 영원히 연결되어 있다.
네가 나에게 붙어 있는 한 너는 절대 외롭거나 버려졌다는 느낌을 받지 않을 것이다. 네가 어디에 있든 나도 그곳에 있고 너의 모든 필요는 언제든 제때에 공급될 것이다. 나는 너를 통해 흐르는 것을 기뻐한다.
혹 네가 내게서 벗어나 멀리 가고 싶어 해도 나는 우리의 관계를 끊지 않을 것이다. 네가 돌아올 때까지 인자한 팔을 벌리고 기다릴 것이다.
내 딸아, 잊지 마라. 네가 어떤 행동을 하고 무슨 말을 하든지 너를 향한 나의 사랑은 변함이 없다. 그러니 항상 내게 붙어 있어라.
그러면 너는 많은 열매를 맺게 될 것이다.
너를 사랑한다.
너의 왕, 너의 포도원 농부

나는 포도나무요, 너희는 가지이다. 사람이 내 안에 머물러 있고, 내가 그 안에 머물러 있으면, 그는 많은 열매를 맺는다. 너희는 나를 떠나서는 아무것도 할 수 없다.

John 15:5

요한복음 15:5

# 나의 보석, 내 딸아
## 내가 너의 친구를 골라 줄게

내 딸아, 혼자 있는 두려움 때문에 아무나 붙잡으려고 하지 마라. 나는 항상 너와 함께 있다. 나는 세상이 너를 떠날 때에도 네게로 가는 너의 친구다.
사랑하는 딸아, 내가 너를 창조한 것은 너와 친밀한 관계를 맺고 싶어서다. 네가 다른 사람들과 친해지고 싶은 마음을 내가 이해한다. 그러나 먼저 나를 찾아라. 그러면 나도 너를 위해 친구들을 찾아 주고 그들과 풍성한 관계를 맺도록 축복해 주겠다.
누구를 만나고 어디에 가는 것으로 너의 하루 스케줄을 가득 채우지 마라. 최선에 못 미치는 차선책에 안주하지 마라. 먼저 네 안에 나의 임재가 거하게 해라. 그러면 내가 편성하는 진실한 관계를 맺게 될 것이다.
너를 사랑한다.
너의 가장 좋은 친구, 너의 왕

"내가 너희에게 명령한 모든 것을 그들에게 가르쳐 지키게 하여라. 보아라, 내가 세상 끝 날까지 항상 너희와 함께 있을 것이다."

*Matthew 28:20*

마태복음 28:20

# 나의 보석, 내 딸아
# 영적인 눈으로 보아라

지금 내게로 와서 내가 너의 영적인 눈을 열게 해라. 엘리사의 종이 많은 군대들에 둘러싸였을 때 내가 그의 눈을 열어서 하늘의 군사들과 불병거들이 그를 보호하고 있는 것을 보게 했던 것처럼 말이다.

너도 나의 택한 딸이다. 네가 매일 치르는 싸움에서 믿음으로 행한다면 내가 엘리사의 종에게 했던 것처럼 너를 지켜 줄 것을 약속한다. 너를 넘어뜨리려는 보이지 않는 적들이 있음을 잊지 말고, 네가 볼 수 없을 때 내가 너의 눈이 되게 해라.

"너희 안에 계신 이가 세상에 있는 자보다 크심이라"(요한일서 4:4, 개역개정)는 말씀을 기억해라. 내가 바로 그이고, 너를 위해 싸워 줄 자이다. 네가 전쟁의 한가운데 있는 것 같을지라도 그 전쟁은 너의 것이 아니라 나의 것이다. 그러니 내가 너의 믿음의 눈을 열게 해다오. 그러면 네가 이미 승리했음을 보게 될 것이다.

너를 사랑한다.

너의 눈을 열어 주는 너의 왕

우리의 싸움은 인간을 적대자로 상대하는 것이 아니라, 통치자들과 권세자들과 이 어두운 세계의 지배자들과 하늘에 있는 악한 영들을 상대로 하는 것입니다.

*Ephesians 6:12*

에베소서 6:12

## 나의 보석, 내 딸아
## 너의 생각을 지켜라

사랑하는 딸아, 너의 마음을 내게 고정했으면 좋겠구나. 뿐만 아니라 네가 보고, 듣고, 읽고, 생각하는 모든 것에서 너의 마음을 지켰으면 좋겠다.

너의 부르심과 거룩한 헌신을 방해하는 것들을 분별하고, 네 생각을 사로잡고 있는 세상의 방법들로부터 너를 보호해 주고 싶다.

그러나 나는 무엇이든 강제로 하는 자가 아니다. 네가 나의 영에 귀를 기울이고, 너의 마음이 참되고 정결하고 옳은 것을 생각하도록 강요하지는 않는다. 선택은 너의 몫이다. 너의 선택에 따라 너는 풍성하고 축복된 삶, 다른 사람들에게 좋은 영향을 주는 삶을 살 수도 있고, 세상적인 방법을 따라가는 삶을 살 수도 있다.

나, 너의 하나님이 오늘 너에게 간절히 요청한다.

너의 생각을 지켜서 네가 영원히 누리고 싶은 삶을 살아라.

너를 사랑한다.

너의 왕, 너의 마음의 평안

그리하면 사람의 헤아림을 뛰어 넘는 하나님의 평화가 여러분의 마음과 생각을 그리스도 예수 안에서 지켜 줄 것입니다.

*Philippians 4:7*

빌립보서 4:7

50f

YAR POSTA

# 나의 보석, 내 딸아
## 내가 너를 그 자리에 세웠다

내가 너를 지금의 자리에 세운 것은 너를 향한 위대한 목적이 있기 때문이다. 그러나 그런 자리에는 항상 대적하는 자들과 조롱하는 자들이 있기 마련이다. 또한 너조차 내가 왜 너를 그 자리에 두었는지 깨닫지 못할 수도 있다.

내 딸아, 기억해라. 나는 여호와 너의 하나님이다. 네가 나를 선택한 것이 아니다. 내가 너를 선택했다. 다른 사람의 인정을 받고 싶은 유혹과 나의 거룩한 목적을 훼방하는 것에 시간을 낭비하지 마라.

나는 네 인생의 거룩한 목적을 방해하는 어떤 상황보다 높은 곳에 너를 둘 것이다. 너의 삶에서 내가 행할 놀라운 일을 중지시킬 수 있는 사람은 오직 너뿐이다. 그러니 너는 또 하나의 계획을 세우려고 하지 말고 내게 맡겨라. 내가 네 안에서 시작한 일을 내가 마칠 수 있게 해주었으면 좋겠다.

너를 사랑한다.

너의 왕, 너의 거룩한 목적

"왕후께서 이처럼 왕후의 자리에 오르신 것이
바로 이런 일 때문인지를 누가 압니까?"

*Esther 4:14*

에스더 4:14

## 나의 보석, 내 딸아
## 쉬지 말고 기도해라

나의 딸아, 오늘 하루를 살면서 시간과 에너지를 낭비하지 마라. 네 영적인 눈을 열어라. 네가 어디에 있든지 항상 기도해라.
네가 요청하기만 하면 내가 어디에서든 너의 발걸음을 지켜 줄 것이다. 운전하면서도 기도하고, 음식을 만들면서도 기도하고, 세탁을 하고 심부름을 하는 동안에도 기도해라.
기도는 네가 쓸 수 있는 가장 강력한 무기이다.
네가 하는 모든 일에서 기도로 길을 열지 않고는 하루가 시작되거나 끝나지 않도록 해라.
나의 딸로서 너에게는 너의 목소리로 나의 마음을 움직일 수 있는 특권이 있다는 사실을 잊지 마라. 내가 네게 준 약속을 붙들고 쉬지 말고 기도해라!
너를 사랑한다.
너의 왕, 너의 중보자

온갖 기도와 간구로 언제나 성령 안에서 기도하십시오. 이것을 위하여 늘 깨어서 끝까지 참으면서 모든 성도를 위하여 간구하십시오.

*Ephesians 6:18*

에베소서 6:18

어떤 친구들은 도움이 되지 않지만 진실된 친구는 가족보다 가깝다.

*Proverbs 18:24*

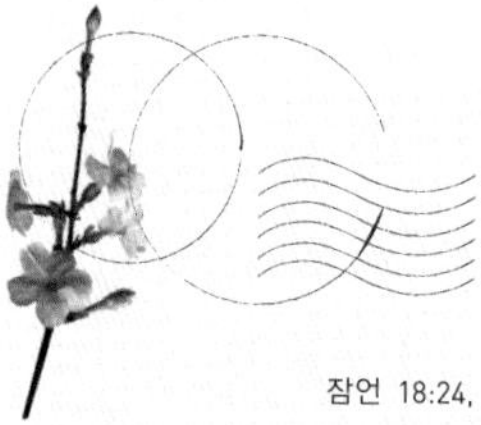

잠언 18:24, CEV

## 나의 보석, 내 딸아
## 진정한 친구를 얻어라

내 딸아, 나는 네가 아무하고나 친구가 되지 않았으면 좋겠구나. 진정한 친구를 찾아라. 네 안에서 가장 좋은 것을 끌어내 주는 친구를 찾아라. 그런 친구는 내가 너에게 주는 선물이다.
친구와 진정한 유대 관계를 만드는 데는 시간도 필요하지만 도구들도 필요하다. 진정한 우정에 필요한 첫 번째 도구는 통찰력이다.
서로의 마음속에 있는 것과 장점과 약점을 볼 수 있는 능력이 있어야 한다.
두 번째 도구는 진실이다. 나는 길이요 진리요 생명이다. 네가 진실을 말하고 서로에게 힘이 되는 격려의 말을 할 때 진정한 우정의 보상을 발견하게 될 것이다.
마지막으로 너의 우정은 사랑으로 봉인되고, 신뢰의 띠를 매고, 기도로 둘러싸여야 한다. 그리고 네가 상대방에게 기대하는 그런 친구가 되어 주어야 한다.
너를 사랑한다.
너의 왕, 너의 진정한 친구

# 나의 보석, 내 딸아
## 마음의 문을 열어라

너의 왕인 내가 너의 마음문 밖에 서서 문을 두드리고 있단다. 네가 은밀한 고통의 장소에서 문을 걸어 잠그고 있는 것을 보고 있지만 나는 강제로 그 문을 열고 들어가지는 않으려 한다.
네가 준비가 되어서 나를 안으로 맞아들일 때까지 밖에서 기다릴 것이다. 나의 팔로 너를 안아 주고, 너의 눈물을 닦아 주고, 나의 사랑과 진리로 너를 격려해 주고 싶구나.
네가 듣기 싫어해도 나는 너의 고통의 문 바깥에서 너를 부르기를 멈추지 않을 것이다. 네가 대답하지 않아도 나는 너를 포기하지 않을 것이다. 왜냐하면 너를 사랑하기 때문이다.
네 마음은 건강과 치유를 얻고 싶어서 울부짖는데, 그것은 나만이 줄 수 있는 것이다. 나의 딸아, 지금도 늦지 않았다. 오늘 너의 어두운 마음의 문을 열고 내가 들어갈 수 있게 해다오. 따뜻한 햇볕과 부드러운 바람처럼 너의 마음을 새롭고 풍성하게 해 주고 싶다.
너를 사랑한다.
네게 자유를 주는 너의 왕

보아라, 내가 문 밖에 서서, 문을 두드리고 있다. 누구든지 내 음성을 듣고 문을 열면, 나는 그에게로 들어가서 그와 함께 먹고, 그는 나와 함께 먹을 것이다.

*Revelation 3:20*

요한계시록 3:20

## 나의 보석, 내 딸아
## 너는 은혜로 구원을 받았다

사랑하는 딸아, 너 자신을 너무 힘들게 하지 마라. 네 마음이 좌절감으로 가득하고, 너의 육신과 영 사이에 끊임없는 전투가 일어나고 있음을 내가 안다.
내게 오너라. 네 힘으로는 오래 버틸 수 없다는 것을 너도 알지 않니? 나는 네가 잘못된 길로 갈 때 은혜를 주고, 네가 힘이 필요할 때 힘을 줄 것이다. 너의 모든 잘못을 바로잡아 주고 너의 모든 상처를 치유하기 위해 여기서 기다리고 있을 것이다.
너의 마음속에서 일어나는 전쟁은 나에게 속한 것이다.
그러니 더는 너를 파괴하는 일에 시간을 낭비하지 마라.
네가 무엇을 하고 어떤 말을 해도 나는 너를 사랑한다.
너를 나의 손에 넘겨서 네가 누구인지를 보여 줄 수 있도록 내게 기회를 다오. 골고다 사건 이후 너의 죄는 깨끗이 용서받았음을 기억하고 과거로부터 자유함으로 새롭게 시작해라.
내가 네게 주는 선물이다.
너를 사랑한다.
너의 왕, 너의 은총

모든 사람이 죄를 범하였습니다. 그래서 사람은 하나님의 영광에 못 미치는 처지에 놓여 있습니다. 그러나 사람은, 그리스도 예수 안에서 얻는 구원으로 말미암아, 하나님의 은혜로 값없이 의롭다는 선고를 받습니다.

*Romans 3:23-24*

로마서 3:23-24

# 나의 보석, 내 딸아
## 좀 쉬어라

나의 딸아, 네가 많이 지쳐 있구나. 매일 아침 하루를 감당할 힘을 달라고 부르짖는 소리를 내가 듣고 있다.

너의 많은 염려와 책임을 내게 넘겨라. 그리고 내가 쉬라고 할 때 제발 좀 쉬어라. 나는 너의 하늘 아버지이고 내 딸에게 필요한 것을 가장 잘 안다. 너를 가장 사랑하고 너에 대한 모든 것을 아는 나의 말을 들어라.

일주일 중 하루는 모든 일을 쉼으로 믿음의 발걸음을 내딛어라. 네가 나의 말에 순종하면 나는 너의 시간을 배가하고 평일에 모든 일을 완수할 수 있도록 초자연적인 능력을 주겠다. 나를 신뢰하고 너의 몸과 마음과 영에 쉼을 주는 이 기회를 받아들여라.

쉼은 내가 너에게 주는 사랑의 선물이다. 제발 내 안에서 쉬어라!

너를 사랑한다.

너의 왕, 너의 휴식처

"수고하며 무거운 짐을 진 사람은 모두 내게로
오너라. 내가 너희를 쉬게 하겠다."

*Matthew 11:28*

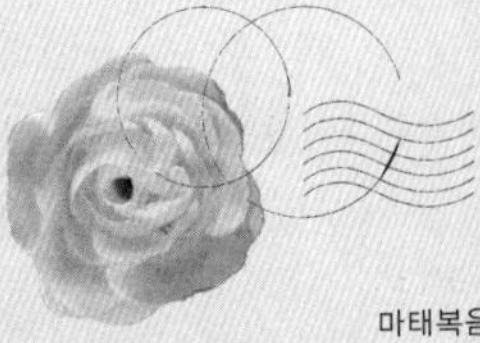

마태복음 11:28

## 나의 보석, 내 딸아
## 시간을 귀하게 사용해라

내가 너에게 준 시간은 영원히 소중한 것이며 네가 다른 사람에게 줄 수 있는 가장 중요한 것이기도 하다. 네 인생은 참으로 귀하다.

나의 딸아, 나는 너의 모든 약속이 나의 완벽한 뜻 안에 있기를 원한다. 네 눈에 좋아 보이는 모든 기회들이 내가 준 것은 아니다. 더 많은 돈을 벌 수 있는 방법은 많지만 시간은 다시 살 수 없음을 명심하고 너의 시간을 지혜롭게 투자해라.

지금 한번 되돌아보아라. 너의 하루하루가 너에게 가장 중요한 것들로 채워져 있는지. 바로 지금 이 순간이 너의 스케줄을 관리해서 중요한 것을 해야 할 때이다.

너의 인생의 이 계절에 네게 가장 필요한 것을 하지 못하도록 방해하는 것이 무엇이니? 내게로 오너라. 내가 그것을 제거하도록 도와주겠다. 바른 일을 하기에 부적절한 시간이란 결코 없다. 내게로 와서 내가 지향하는 성공을 경험해라.

너를 사랑한다.

너의 왕, 영원한 타임키퍼

우리 사람들은 유익하고 보람 있는 일에 시간을
사용하기를 배워야 한다.

*Titus 3:14*

디도서 3:14, CEV

## 나의 보석, 내 딸아
## 너는 귀히 쓰일 그릇이다

나는 최고의 토기장이이고, 너는 진흙이다. 네가 내 손에 빚어지고 나의 쓰임을 받고 싶어 하는 것을 내가 안다. 나는 너를 귀히 쓰일 그릇이 되도록 창조했다.

내 딸아, 너는 나의 그릇이다. 나는 너를 나의 사랑, 소망, 축복으로 가득 채워서 목마른 자들의 갈증을 풀어 주게 하고 싶다. 비록 네가 깨어지고 네 안에 아무것도 없을지라도 네가 나의 손에 붙들려 있기만 하면 나는 너를 쓸 수 있다.

내가 너를 선택한 것은 너의 깨어진 조각들을 내게 주었기 때문이다. 높고 아름다운 자리에 앉아 교만과 자신감으로 가득 차 있는 자는 귀한 그릇이 될 수 없다.

네가 귀하게 생각하는 것들을 비우기를 두려워하지 마라. 대신 너는 내가 값을 매길 수 없는 귀한 것으로 너를 채우게 해라.

너를 깨끗하게 비워서 내가 주는 나의 축복으로 너를 채우게 해라. 그리하면 너는 나의 귀한 그릇만이 누릴 수 있는 넘치는 기쁨을 경험하게 될 것이다.

너를 사랑한다.

너의 왕, 너의 토기장이

그러므로 누구든지 이러한 것들로부터 자신을 깨끗하게 하면, 그는 주인이 온갖 좋은 일에 요긴하게 쓰는 성별된 귀한 그릇이 될 것입니다.

2 Timothy 2:21

디모데후서 2:21

# 나의 보석, 내 딸아
## 유혹에 넘어가지 마라

나는 너를 악에서 보호해 주고 싶을 뿐만 아니라 네 마음이 죄를 짓고 싶어 하는 욕망에서 완전히 자유해지기를 원한다.
내 딸아, 너에게는 죄를 이길 권세가 있다. 죄가 너를 유혹할 때는 큰 소리로 나의 구원의 말을 선포해라. 그러면 나의 능력이 네 마음의 적보다 더 크다는 것을 알게 될 것이다.
나는 너의 힘이고 너의 안전이다. 나는 영생에 이르는 길에서 너를 지켜 줄 수 있다. 나는 세상의 쾌락이 제공하는 것보다 훨씬 위대한 목적을 위해 너를 구별해 놓았다. 어떤 것도 너를 향한 나의 완전한 뜻을 막지 못한다.
딸아, 유혹의 함정에 걸려들기 전에 내게 부르짖어라. 내가 피할 길을 주겠다. 나를 찾아라. 내가 이길 힘을 주겠다. 네가 나의 선함을 맛보아 알수록 일시적인 쾌락을 덜 갈망하게 될 것이다.
나는 네가 연약한 곳에서 강하고 어떤 상황도 뚫고 나가거나 피할 힘을 너에게 줄 것이다. 이제 일어나서 내 이름으로 걸어라.
너를 사랑한다.
너의 왕, 너를 지키는 자

아버지께서 그분의 영광의 풍성하심을 따라 그분의 성령을 통하여 여러분의 속 사람을 능력으로 강건하게 하여 주시고.

*Ephesians 3:16*

에베소서 3:16

## 나의 보석, 내 딸아
## 너의 삶에 만족해라

내 딸아, 네가 나를 너의 삶에 개입하게 해주었을 때 나는 너에게 나의 평안을 주었다. 이제 너는 평화로운 마음과 만족하는 심령으로 너의 삶을 즐길 수 있다. 네가 장차 나와 함께 하늘의 집에 살 때를 많이 고대해도 좋다. 그러나 지금은 네가 돈으로 사거나 수집하는 것들로는 내가 줄 수 있는 평안과 위로를 얻을 수 없단다.

너는 아무것도 가지지 않은 채 이 세상에 왔고 떠날 때도 그럴 것이다. 그러나 나는 네가 이 세상에서 사는 동안 좋은 선물들을 주고 싶다. 이 세상에서 너의 삶이 기쁨과 소중한 추억들로 가득하게 해주고 싶다.

내가 너의 보물이 되게 해라. 그러면 돈으로 살 수 있는 어떤 것보다 아름답고 풍성한 삶을 너에게 줄 것이다.

너를 사랑한다.

너의 왕, 너의 만족

나는 비천하게 살 줄도 알고, 풍족하게 살 줄도 압니다. 배부르거나, 굶주리거나, 풍족하거나, 궁핍하거나, 그 어떤 경우에도 적응할 수 있는 비결을 배웠습니다. 나에게 능력을 주시는 분 안에서, 나는 모든 것을 할 수 있습니다.

Philippians 4:12-13

빌립보서 4:12-13

주님의 말씀은 내 발의 등불이요,
내 길의 빛입니다.

Psalms 119:105

시편 119:105

# 나의 보석, 내 딸아
## 열심을 내어 말씀을 읽어라

내 딸아, 네가 나의 말씀에 열심을 내었으면 좋겠다. 나의 말씀을 읽을수록 너는 나를 더 많이 원하게 될 것이다. 사람이나 다른 어떤 것이 그 시간을 빼앗지 않게 해라.
네가 나를 사랑하는 줄 내가 안다. 그러면서도 종종 나 외에 다른 곳을 보고 있는 것도 알고 있다. 그러나 네가 초자연적인 지혜를 가지고 살아갈 수 있게 하는 것은 나의 말씀뿐이다. 네가 누구인지 그리고 내가 너를 얼마나 사랑하는지를 알려 주는 것도 나의 말씀뿐이다. 세상에는 볼 것도 많고 할 것도 많기는 하다. 그러나 내가 너를 위해 쓴 사랑의 편지인 나의 말씀에서 발견할 복과 안전은 세상 어디에서도 얻을 수 없다.
지금 성경을 펴서 내가 매우 생생하고 친밀한 방법으로 너에게 나를 드러내게 해다오. 네가 나와 보내는 시간은 나의 강한 손에 의해 배가 될 것이다. 내게 가까이 와라. 그러면 내가 네게 가까이 가겠다.
너를 사랑한다.
너의 왕, 너의 살아 있는 말씀

## 나의 보석, 내 딸아
## 잃어버린 영혼들을 내게로 인도해라

나는 네 안에서 너와 함께 살고 있다. 나의 능력이 너의 삶에 있기 때문에 너에게는 나를 알아야 할 모든 사람들에게 그 길을 보여 줄 능력이 있다.

그러나 네가 너의 업적 위에 네 인생을 세우려고 하면 나의 능력을 발견하지 못할 뿐만 아니라 너의 소명을 완수하지 못할 것이다.

너는 메마르고 목마른 땅에서 방황하는 세상을 상쾌하게 하기 위해 내가 뽑은 딸이다. 네 주위에는 버림받고 혼자라고 느끼는 사람들이 많다. 그들의 잔은 비어 있고 영혼도 메말라 있다.

나의 택한 딸아, 먼저 내가 나의 영으로 너를 채우게 해다오. 그러면 그들을 생명의 물로 데려오고 진정한 사랑으로 인도하는 법을 네게 보여 주마. 그러면 그들은 천국에 이르는 길을 보여 준 너에게 영원히 감사하게 될 것이다.

너를 사랑한다.

너를 새롭게 하고 인도하는 너의 왕

그것은, 하나님께서 그리스도 예수 안에서 우리에게 자비로 베풀어주신 그 은혜가 얼마나 풍성한지를 장차 올 모든 세대에게 드러내 보이시기 위함입니다.

*Ephesians 2:7*

에베소서 2:7

# 나의 보석, 내 딸아
## 내게 무엇이든 구해라

나는 전능하다. 나의 영원한 계획에 따라 너에게 중요한 일을 시키려고 너를 준비시키는 중이다. 그러니 과거의 실망 때문에 큰 꿈을 꾸는 것을 두려워하지 마라.

기억해라. 너를 실패하게 한 것은 나에 대한 믿음이 아니었다.

너에게 꿈이 깨어지는 고통을 준 것은 사람에 대한 믿음이었다.

나는 너의 왕이고 네가 내 이름으로 구하는 것은 무엇이든 줄 수 있다. 다윗 왕은 작은 목동이었으나 거인을 죽일 만한 큰 믿음이 있었다.

내가 그때 다윗과 함께했듯이 오늘 네 안에서도 일하고 있다.

그러니 내게 구하고, 내게 순종하고, 너의 마음과 뜻과 힘을 다해 나를 찾아라. 그러면 나의 완벽한 때에 나의 약속이 이루어지는 것을 네가 볼 것이다.

너를 사랑한다.

모든 것의 해답인 너의 왕

"너희가 무엇이든지 내 이름으로 구하면, 내가
다 이루어 주겠다."

John 14:14

요한복음 14:14

## 나의 보석, 내 딸아
## 너의 죄를 내게 고백해라

딸아, 나는 네가 내게로 와서 죄를 고백하는 소리를 듣는 것이 좋다. 나는 너의 피난처이며 너의 구원이다. 내가 감당할 수 없기 때문에 네가 내게 하지 못할 말은 없다.

나는 이미 너의 모든 생각, 행동, 마음의 동기를 다 알고 있는데 왜 내게 네 죄를 숨기려 하느냐. 우리 함께 해결하자. 네가 소원하는 축복된 삶을 막고 있는 것을 내게 넘겨다오. 너의 죄의 무게를 내게 지워라. 나는 너의 영혼을 회복시켜서 평안하게 하고 너를 눈처럼 희게 할 준비가 늘 되어 있다. 내게로 와서 진리 안에 거하고 너의 영혼을 사랑하는 구원자에게 정직해라.

내게로 와서 고백해라. 네가 눈처럼 깨끗해지고 몸과 마음과 영에 온전한 치유를 경험하게 될 것이다!

너를 사랑한다.

너의 왕, 너를 위해 죽은 구원자

드디어 나는 내 죄를 주님께 아뢰며 내 잘못을
덮어두지 않고 털어놓았습니다. “내가 주님께
거역한 나의 죄를 고백합니다” 하였더니, 주님
께서는 나의 죄악을 기꺼이 용서하셨습니다.

Psalms 32:5

시편 32:5

# 나의 보석, 내 딸아
## 너는 새것이다

너는 나의 귀한 딸이고, 네 안에는 나의 영이 살고 있단다. 그래서 나는 네가 누구인지를 너에게 알려 주고 싶구나. 먼저 너의 정체성이 아닌 것에서 시작해 보자.

너는 더 이상 죄의 노예가 아니다.

너는 더 이상 사탄의 권세 아래 있지 않다.

나의 생명으로 너를 샀으니 너는 너 자신의 것도 아니다.

너의 하늘 아버지로서 내가 네게 요구한다. 너를 위해 더 높은 기준을 설정해라. 네가 새사람이 되지 못하도록 막고 있는 옛 습관을 버려라. 네가 나의 훈계를 받아들이기 전에는 내가 너의 믿음을 다음 수준으로 끌어올릴 수 없다.

내가 아브라함에게 그의 안전지대를 떠나 낯선 곳으로 가도록 요구했던 것처럼 지금 너를 옛 생활에서 멀어지게 하는 중이다. 나의 임재 가운데로 들어와서 나의 능력을 받아 너의 삶을 변화시켜라.

너를 사랑한다.

새로운 삶을 주는 너의 왕

누구든지 그리스도 안에 있으면, 그는 새로운 피조물입니다. 옛 것은 지나갔습니다. 보십시오, 새 것이 되었습니다.

2 Corinthians 5:17

고린도후서 5:17

## 나의 보석, 내 딸아
## 나는 너에게 가장 좋은 것을 준단다

나는 너에게 가장 좋은 것이 무엇인지 안다. 그리고 내가 알지 못한 채 일어나는 일은 이 세상에 없다. 네가 계획했던 대로 인생이 펼쳐지지 않는다고 실망하고 있는 것을 나도 안다. 네가 눈을 들어 나의 손이 일하고 있는 것을 볼 수 있다면 실망하지 않을 텐데 안타깝구나.

이 땅에서의 삶은 한시적이라는 것을 잊지 마라.

다시 말해서 내 딸아, 너는 아직 본향에 이른 것이 아니다.

지금은 좀 낙심이 되더라도 나를 믿고 포기하지 않았으면 좋겠다. 내가 너의 고통을 인내의 열정으로 바꾸게 해다오. 너 자신을 나의 완벽한 계획에 맡겨다오. 나는 너에게 가장 좋은 것을 주고 싶어 한다는 것을 기억해다오.

너를 사랑한다.

너의 왕, 너를 가장 잘 아는 너의 아버지

주님은 너를 지키시는 분, 주님은 네 오른쪽에
서서, 너를 보호하는 그늘이 되어 주시니.

*Psalms 121:5*

시편 121:5

# 나의 보석, 내 딸아
## 내가 너를 거룩하게 구별했다

내가 너보다 앞서 온 자들을 불렀던 것처럼 너를 불러서 구별했다. 이 부르심은 때로 큰 대가를 치르게 하기도 하지만 그것에 대한 영원한 보상은 값을 매길 수 없을 정도로 귀하다.
내가 에스더 왕비에게 주었던 것처럼 네게도 모든 사람들이 네가 나의 거룩한 딸임을 알 수 있는 길로 걸을 능력을 주었다. 어떤 사람들은 너의 헌신을 칭찬하고, 또 어떤 이들은 너의 실패에 박수를 보내기도 할 것이다. 너는 완벽하지 않기 때문에 넘어지기도 하겠지만 그 실수는 너를 더욱 지혜롭게 만드는 선생이 될 것이다.
나의 딸아, 완벽하려고 자신을 압박하지 마라. 너를 완전하게 할 수 있는 자는 나뿐이다. 다만 내가 너를 구별해서 세상 사람들 앞에 증인으로 세우도록 허락해다오.
너를 사랑한다.
너를 거룩하게 구별한 너의 왕

"내가 너를 모태에서 짓기도 전에 너를 선택하
고, 네가 태어나기도 전에 너를 거룩하게 구별
해서, 뭇 민족에게 보낼 예언자로 세웠다."

*Jeremiah 1:5*

예레미야 1:5

# 나의 보석, 내 딸아
## 내 앞에서 울어라

마음을 다스리기가 힘들지는 않니? 내가 안다. 마음의 고통이나 아픔이 없는 삶을 살고 싶을 거다. 딸아, 마음이 견딜 수 없이 상할 때에는 하늘에 계신 너의 아버지에게 울부짖어라.
내가 치유해 주겠다.
내가 택한 다윗을 기억하지? 그는 두려움, 낙심, 죄에 빠져서 내게 부르짖었고 나는 그에게 응답했다. 너도 내가 택한 자요 나의 딸이니 울어도 괜찮다. 내 앞에서 마음이 시원하도록 울어라.
나는 네가 아프지 않은 척, 괜찮은 척하지 않았으면 좋겠다. 내 앞에서 너의 고통과 대면하기를 바란다. 내가 너에게 알게 해주고 싶은 자유는 진리와 눈물을 통해 얻어지는 것이다.
내 딸아, 나만이 치유할 수 있는 네 마음의 상처를 내려놓아라.
네가 우는 동안 너의 하늘 아버지가 너를 품고 있게 해다오.
내가 너의 마음을 만질 수 있게 해다오.
너를 사랑한다.
너의 눈물을 닦아 주는 너의 왕

눈물을 흘리며 씨를 뿌리는 사람은
기쁨으로 거둔다.

*Psalms 126:5*

시편 126:5

그래서 제자들이 다가가서 예수를 깨우고서 말하였다. "선생님, 선생님, 우리가 죽게 되었습니다." 예수께서 깨어나서, 바람과 성난 물결을 꾸짖으시니, 바람과 물결이 곧 그치고 잔잔해졌다.

Luke 8:24

누가복음 8:24

## 나의 보석, 내 딸아
## 인생의 키를 내게 넘겨라

딸아, 나는 너의 왕이고 모든 것을 다스리는 자이다. 바람이 불고 파도가 쳐서 배가 사정없이 흔들릴 때 내가 너를 안전하게 인도할 수 있도록 키를 내게 맡겨 주지 않겠니?

네 힘으로 해볼 수 있을 것 같기도 하겠지만 그 폭풍을 다스리고 잠재울 수 있는 유일한 선장은 나뿐이다.

너와 너의 미래를 나보다 더 잘 아는 사람은 없다. 완전히 파선한 뒤에 다시 시작하려고 발버둥 치며 너 자신을 소진하지 않기 바란다.

나는 깨어진 조각을 모아서 이전보다 훨씬 좋게 만들 수 있는 자이다. 너의 인생의 키를 내게 넘겨라. 험한 풍랑 속에서도 너는 언제나 나와 함께 있고 안전할 것이다!

너를 사랑한다.

폭풍을 잠잠케 하는 너의 왕

# 나의 보석, 내 딸아
## 아낌없이 베풀어라

나의 딸아, 네가 사람들에게 나누어 주기를 좋아하는 것을 내가 안다. 어려운 자들에게 도움의 손길을 베푸는 네 모습과 마음을 내가 좋아한다. 네가 나를 위해 네 자신을 희생하고 내어 줄 때마다 진정한 평안과 기쁨의 근원을 발견하게 될 것이다.

나의 딸아, 아낌없이 베풀어라. 그러나 네가 아무리 많이 베풀고 섬겨도 내가 네게 주는 것보다 많지는 않다는 것을 기억해라. 네가 나의 나라와 의를 위해 행하고 말하는 것은 장차 몇 십 배, 몇 백 배로 되돌려 받게 될 것이다. 내가 약속하건데 네가 결코 상을 잃지 않을 것이다.

그러니 지금 나의 손길이 필요한 자들에게 너의 시간과 사랑의 선물을 나를 대신해서 전해 주면 좋겠구나.

너를 사랑한다.

너의 왕, 너의 보상자

"내가 진정으로 너희에게 말한다. 너희가 그리스도의 사람이라고 해서 너희에게 물 한 잔이라도 주는 사람은, 절대로 자기가 받을 상을 잃지 않을 것이다."

Mark 9:14

마가복음 9:41

# 나의 보석, 내 딸아
## 가치 있는 것에 네 인생을 걸어라

나의 딸아, 나는 나의 모든 것을 너에게 주었다. 나 자신을 너에게 주었고 너를 위해 십자가에서 죽기까지 했다. 너의 영혼은 그만한 가치가 있기 때문이다. 내가 하늘에 계신 나의 아버지께 "저들을 용서해 주옵소서. 저들은 자신들이 한 일을 알지 못합니다"라고 부르짖었을 때 저들은 바로 너였다!

날마다 살아가는 삶이 얼마나 고된지 나도 안다. 어떤 날은 스트레스가 너무 많아서 내 임재를 느낄 여유도 없다는 것 역시 안다. 그러나 나의 딸아, 이것을 생각해 보렴. 장차 내가 너를 위해 열심히 준비한 아름다운 하늘을 볼 때 너는 나를 위해 살 만한 가치가 있었다고 고백하게 될 것이다. 나의 나라는 투자할 가치가 확실하단다.

나의 딸아, 나와 다른 무엇 중 어느 것이 인생을 걸 만한 가치가 있는지 계산해 보아라. 네 인생을 아무것에나 걸지 않기를 바란다. 너는 값을 매길 수 없을 정도로 귀하고 귀하기 때문이다!

너를 사랑한다.

너를 위해 대가를 지불한 너의 왕

생명을 속량하는 값은 값으로 매길 수 없이 비싼
것이어서, 아무리 벌어도 마련할 수 없다.

*Psalms 49:8*

시편 49:8

# 나의 보석, 내 딸아
## 너를 포장하지 마라

너는 나에게 가장 소중하고 아름다운 딸이다. 내가 너를 지금의 모습으로 만들었다. 그러니 너는 다른 누구인 척할 필요가 없다. 물론 모든 면에 완벽해져서 나를 감동시키려 애쓰지 않아도 된다. 내가 원하는 것은 네 모습 그대로 나와 함께하며 자유함을 누리는 것이다. 네가 진정한 너를 찾아갈수록 다른 사람들과의 관계도 좋아질 것이다.

나의 딸아, 이제는 너를 포장하지 마라. 나는 너의 모습 그대로를 사랑한다. 꾸미지 말고, 가리지 말고, 포장하지도 말고 내 앞에서 정직하게 말하고 행하거라. 나는 너의 모습 그대로 자유롭게 살도록 하기 위해 나의 생명을 너에게 주었다. 누구든 너를 가짜 모습으로 바꾸어서 너의 기쁨을 빼앗지 못하게 해라.

너 자신에게 솔직하고 내게도 솔직해라. 나는 너의 진짜 모습을 사랑한다.

너를 사랑한다.

너의 진정한 왕

2 Corinthians 3:17

주님은 영이십니다.

주님의 영이 계신 곳에는 자유가 있습니다.

고린도후서 3:17

# 나의 보석, 내 딸아
## 네 입을 지켜라

나의 딸아, 기억해라. 너의 말에는 생명과 사망의 권세가 있다. 너는 날마다 다른 사람들에 대해 이야기할 기회를 갖게 될 것이다. 부탁인데 너의 대화를 내가 다스리게 해다오.
다른 사람을 험담하고 싶은 유혹을 받을 때는 기도해라. 나는 너의 혀를 길들일 수 있는 유일한 자이다. 말하기 전에 먼저 생각하는 것이 얼마나 어려운지 안다. 하지만 내가 도와줄게. 나는 네가 누구의 말을 들을지, 어떤 대화에 참여할지를 신중하게 판단하기를 바란다. 좋지 않은 사람들과 어울리고 쓸데없는 대화나 험담에 참여하면 너는 친구와 평판을 동시에 잃을 수 있다.
나는 네가 다른 사람들을 어떻게 생각하는지 알고 싶구나. 그것을 다른 누군가에게 말하기 전에 먼저 내게 말해 주겠니? 그러면 내가 다른 사람을 세워 주고 나를 영화롭게 하는 지혜의 말을 주겠다.
너를 사랑한다.
너의 혀를 정결케 하는 너의 왕

나쁜 말은 입 밖에 내지 말고, 덕을 세우는 데에 필요한 말이 있으면, 적절한 때에 해서, 듣는 사람에게 은혜가 되게 하십시오.

*Ephesians 4:29*

에베소서 4:29

## 나의 보석, 내 딸아
## 죄의식에서 벗어나라

나의 딸아, 모든 사람이 죄를 지었고 나의 영광에 미치지 못하였다. 그러니 너도 넘어질 때 네 자신을 용서하거라. 네가 내게 부르짖으며 회개할 때 내가 너를 일으켜 주겠다. 어떤 죄도 네가 나의 딸로서 새 삶을 시작하지 못하도록 막을 수는 없다.

사랑하는 딸아, 나의 말씀을 읽어라. 내가 택한 많은 자들이 잘못을 저질렀지만 내가 그들 각 사람에게 새로운 시작을 주었듯이 네게도 똑같이 할 것이다. 이 날은 새날이고 나는 네 안에 새 일을 행할 준비가 되어 있다.

자, 이제는 죄의식에서 벗어나거라. 그리고 내가 잘못된 것을 해결해 줄 것을 믿어라. 내가 기대하는 인격으로 너를 만드는 것을 지켜 보아라. 나는 누구에게든 두 번째 기회를 주는 하나님이고 나의 자비는 영원하다!

너를 사랑한다.

너의 죄를 없애 주는 너의 왕

너희는 지나간 일을 기억하려고 하지 말며, 옛 일을 생각하지 말아라. 내가 이제 새 일을 하려고 한다.

*Isaiah 43:18-19*

이사야 43:18-19

# 나의 보석, 내 딸아
## 너의 경계선을 그어라

나의 딸아, 네가 통제할 수 없고 감당할 수 없을 만큼 일이 많다고 느낄 때는 내게로 와라. 네가 조용히 너의 삶을 되돌아볼 수 있는 곳으로 데려다주겠다. 그 모든 일을 네가 해야 한다고 생각하지 마라. 나는 너를 모든 사람에게 중요한 존재로 부르지 않았다. 그것은 네가 스스로 진 짐이다.

내 아들 예수조차도 군중에게서 물러나 나와 단둘이 시간을 보낼 필요가 있었다.

내가 네게 맡긴 일, 네가 꼭 해야 할 일들을 적어 보아라. 그것이 네 마음의 평안과 삶의 목적을 지켜 줄 너의 경계선이다. 너는 그것만 하면 된다. 너의 영역이 아닌 일은 다른 사람에게 맡기는 법을 배워라.

너의 귀중한 시간을 관리하고 "아니오"라고 말할 줄 아는 딸이 되었으면 좋겠다. "아니오!" 이 한마디가 너를 삶의 압박에서 놀라운 통제와 평안이 있는 곳으로 인도해 줄 것이다.

너를 사랑한다.

너의 경계선을 아는 너의 왕

발로 디딜 곳을 잘 살펴라. 네 모든 길이 안전할 것이다. 좌로든 우로든 빗나가지 말고, 악에서 네 발길을 끊어 버려라.

*Proverbs 4:26-27*

잠언 4:26-27

## 나의 보석, 내 딸아
## 내가 보내는 곳으로 가라

네가 지금 있는 그곳이 내가 보낸 곳인지 궁금하구나. 네가 나에게 쓰임받고 싶다고 기도하는 소리를 내가 들었고 나는 그 기도를 매우 기뻐한다. 너를 통해 나의 사랑이 따뜻하고 자유롭게 흘러가는 것보다 더 나를 기쁘게 하는 것은 없기 때문이다.

나는 네가 축복의 통로로 쓰임받을 만한 곳에 너를 전략적으로 둘 것이다. 네가 나의 능력만 의지한다면 너는 아주 작은 노력으로도 다른 사람의 짐을 들어올려 줄 수 있다.

내가 너에게 아무도 주목하지 않는 일을 시킬 때, 왜 그렇게 하는지 항상 이해되지는 않겠지만 순종해 주었으면 좋겠다. 네가 무엇을 하든 그것은 바로 나를 위해 하는 것이고, 천국에 있는 모든 자들이 그 일을 볼 것이다. 그러니 오늘 내가 너를 보내는 곳으로 가라. 내가 이미 그 길을 예비해 놓았다.

너를 사랑한다.

너의 왕, 너의 길

그러므로 나의 사랑하는 형제자매 여러분, 굳게 서서 흔들리지 말고, 주님의 일을 더욱 많이 하십시오. 여러분이 아는 대로, 여러분의 수고가 주님 안에서 헛되지 않습니다.

1 Corinthians 15:58

고린도전서 15:58

여러분은 하나님의 성전이며, 하나님의 성령이
여러분 안에 거하신다는 것을 알지 못합니까?
누구든지 하나님의 성전을 파괴하면, 하나님께
서도 그 사람을 멸하실 것입니다. 하나님의 성전
은 거룩합니다. 여러분은 하나님의 성전입니다.

1 Corinthians 3:16-17

고린도전서 3:16-17

## 나의 보석, 내 딸아
## 너의 성전을 정결케 해라

사랑하는 딸아, 너는 특별한 보석이란다. 너는 나의 성전이고 나는 네 안에 살고 있다. 나는 너를 나의 성령이 사는 거룩한 곳으로 창조했다. 나는 네가 모든 세상이 볼 수 있는 찬란하고 빛나는 나의 작품이 되기를 바란다.

너는 영원한 왕인 내가 네 안에 거주할 수 있도록 너의 몸을 정결하게 해라. 네가 보는 눈을 정결케 하고, 네가 듣는 귀를 정결케 하고, 네가 행하는 손과 발을 거룩하게 해라. 너의 마음과 생각을 성령으로 지켜라.

순간의 방심으로 너의 성전이 더렵혀지지 않도록 나의 말씀 안에서 깨어 있어라.

조용한 시간에 나의 임재 안으로 들어오너라. 내가 너의 성전을 영적인 힘으로 강건케 하고 정결케 하리라. 나는 네가 필요한 모든 것을 기쁘게 주는 너의 왕이다.

너를 사랑한다.

너를 정결케 하는 너의 왕

## 나의 보석, 내 딸아
## 사랑은 게임이 아니다

나의 딸아, 내 말을 들어라. 사랑은 게임이 아니다. 사랑은 선물이다. 너의 마음을 귀하게 다루지 않는 사람들도 있을 것이다. 그래도 너의 마음은 값을 따질 수 없을 만큼 귀하다.

지금 너의 관계들을 생각해 보아라. 너의 내면 세계로 들어오도록 허락한 사람들은 누구니? 그들이 너를 나에게로 가까이 오게 하니, 아니면 나에게서 멀어지게 만드니?

나는 너를 자유케 하려고 내 생명을 주었다. 나는 네가 사람들의 인정을 받으려고 '관계 게임'을 하지 않았으면 좋겠다. 이 게임을 선택하면 너는 내가 너를 위해 준비한 모든 것을 잃게 될 것이다.

나는 너의 아버지이고, 나의 딸에게 무엇이 유익한지를 안다.

나를 꼭 붙들고 너에게 해로운 사람들을 떠나 보내라. 그래야 네가 그들의 영향력에서 자유해지고, 진정한 관계를 아는 지혜를 얻게 될 것이다.

너를 사랑한다.

너를 값 주고 산 너의 왕

여러분은 여러분 자신의 것이 아닙니다. 여러분은 하나님께서 값을 치르고 사들인 사람입니다. 그러므로 여러분의 몸으로 하나님을 영화롭게 하십시오.

1 Corinthians 6:19-20

고린도전서 6:19-20

# 나의 보석, 내 딸아
## 다른 사람을 받아들여라

나의 딸아, 너는 특별한 사람이다. 너의 사고방식과 네가 가진 재능들은 내게서 받은 선물이다. 이 선물은 너 자신을 다른 사람들과 비교하거나 그들을 정죄하라고 준 것이 아니다.

너는 둘도 없는 사람이다! 주위를 둘러보렴. 내가 얼마나 다양한 사람들로 세상을 아름답게 만들었는지. 내가 창조한 세계의 영광은 섬세함과 다양함에 있다.

관계의 아름다움은 서로 다른 재능과 성격들이 내 안에서 조화를 이룰 때 발견된다. 네가 할 일은 다른 사람들을 너처럼 만드는 게 아니고, 내가 너를 그대로 받아 준 것처럼 그들을 받아들이고, 그들이 내가 준 선물을 열 수 있도록 도와주는 것이다.

나는 네게 다른 사람들을 깍아내리는 재능이 아니라 어루만져 주는 재능을 주었음을 잊지 마라.

너를 사랑한다.

너의 왕, 너의 최고의 선물

은사는 여러 가지지만, 그것을 주시는 분은 같은

성령이십니다.

*1 Corinthians 12:4*

고린도전서 12:4

# 나의 보석, 내 딸아
# 너는 나의 최고의 작품이다

나는 내가 창조한 것을 사랑한다. 내 딸아, 나는 너를 기뻐한다! 네가 완벽하지 않다고 불안해하지 마라. 나는 너를 나의 형상대로 지었고, 너의 독특함은 내가 준 선물이다.

사람이 만든 틀에 너를 억지로 끼워 맞추라고 내가 너에게 생명을 준 것이 아니다. 너는 왕족이다. 그러나 이 진리는 거울로 볼 수 있는 것이 아니다. 내가 너의 거울이 되게 해다오. 그러면 내가 너의 진정한 아름다움을 보여 주겠다.

네가 나를 바라볼수록 네 안에서 나의 솜씨를 더 많이 보게 될 것이다. 네가 진짜 누구인지를 빨리 볼수록, 특별한 사명을 받은 나의 공주로서 너의 통치권을 빨리 행사할 수 있다.

너를 사랑한다.

너의 왕, 너의 창조주

우리는 하나님의 작품입니다. 선한 일을 하게 하시려고, 하나님께서 그리스도 예수 안에서 우리를 만드셨습니다. 하나님께서 이렇게 미리 준비하신 것은, 우리가 선한 일을 하며 살아가게 하시려는 것입니다.

*Ephesians 2:10*

에베소서 2:10

## 나의 보석, 내 딸아
## 나는 한없이 너를 사랑한다

나의 딸아, 내가 너를 얼마나 사랑하는지 말로는 다 표현할 수가 없구나. 나는 그 사랑에 목숨을 걸었고, 너를 위해 십자가를 선택했다. 그런데도 너는 네 자신이 사랑스럽지 않다고 느낄 때가 많더구나. 나의 딸아, 그렇지 않다. 너는 몹시 사랑스럽다.

너는 내가 창조한 걸작품이다.

나는 너의 연인이다. 내가 너의 모든 필요를 채우게 해다오. 엉뚱한 곳에서 거짓된 사랑을 찾는 일은 이제 그만 두어라. 내가 너의 마음을 온전히 사로잡아서 영원한 사랑으로 채울 수 있게 해다오.

너는 나의 사랑을 얻으려고 노력하지 않아도 된다. 나는 이미 너를 사랑하고 있다. 나의 사랑하는 자야, 나의 거룩한 임재 가운데로 들어오너라. 내가 너를 얼마나 사랑하는지를 느낄 수 있을 것이다.

너를 사랑한다.

너를 향한 사랑을 멈출 수 없는 너의 왕

지식을 초월하는 그리스도의 사랑을 알게 되기를 빕니다. 그리하여 하나님의 온갖 충만하심으로 여러분이 충만하여지기를 바랍니다.

*Ephesians 3:19*

에베소서 3:19

## 나의 보석, 내 딸아
## 천국에 너의 집이 있다

내가 너를 위해 천국에 집을 예비해 놓았는데 알고 있니?
그 집은 네가 상상하는 것보다 훨씬 아름답다. 너를 기다리고 있는 그 장엄한 아름다움은 네가 본 적도 들은 적도 없는 것이다.
내가 택한 자야, 너의 인생을 영원의 관점에서 보아라.
네가 천국으로 건너갈 때 이 세상의 집에서는 어떤 것도 가져갈 수가 없다. 네가 이 땅에 있는 이유는 인생을 바꿔 놓는 구원의 소식을 전하기 위해서이다.
물건을 모으지 말고 사람들을 모아라. 나는 다른 사람들을 내게로 데려오라고 너를 불렀다. 기억해라. 네가 소유하고 있는 것 때문에 내게 가까이 올 사람은 없다. 그들에게 내가 그들을 얼마나 사랑하는지 말해 주어라. 그들은 그들의 삶을 향한 나의 놀라운 계획에 대해 알아야 하고, 그들을 기다리고 있는 영원한 나라에 대해서도 알아야 한다.
너를 사랑한다.
너의 왕, 너의 영원한 천국 건설자

그러나 성경에 기록한 바 "눈으로 보지 못하고 귀로 듣지 못한 것들, 사람의 마음에 떠오르지 않은 것들을, 하나님께서는 자기를 사랑하는 사람들에게 마련해 주셨다" 한 것과 같습니다.

*1 Corinthians 2:9*

고린도전서 2:9

## 나의 보석, 내 딸아
## 너는 나의 기쁨이다

네 안에 꽃피는 내면의 아름다움과 네가 내 안에서 성장하는 모습을 지켜보는 것은 내게 굉장히 큰 즐거움이다. 나는 우리가 함께 보낸 모든 순간을 기뻐한다. 내가 네 마음의 소원을 이뤄 주는 것을 기뻐한다. 네가 나를 부르는 소리를 듣는 것도 기뻐한다.

네가 내게 중요하지 않은 존재라는 생각은 하지 마라. 너를 향한 나의 사랑을 의심할 이유도 전혀 없다. 너를 넘치도록 축복하는 것은 나의 즐거움이다. 너의 깊은 필요와 욕구를 다른 사람에게서 채우려는 시도는 하지 마라. 그것은 결국 공허함과 실망만 안겨 줄 뿐이다.

오직 나만이 너의 눈물을 기쁨으로 바꾸고 네 마음의 공허함을 채울 수 있다. 그러니 내 안에서 기뻐해라. 그러면 풍성한 삶을 살게 될 것이다. 너는 나의 기쁨이란다.

너를 사랑한다.

너의 왕, 너의 영원한 기쁨의 주

우리가 걷는 길이 주님께서 기뻐하시는 길이면,
우리의 발걸음을 주님께서 지켜 주시고.

*Psalms 37:23*

시편 37:23

# 나의 보석, 내 딸아
# 나를 찾으라

나는 아무리 오래 걸려도 너를 기다릴 것이다.
네가 나를 찾을 때보다 나를 더 기쁘게 하는 것은 없다.
비바람을 피할 곳을 찾는 외로운 나그네처럼 내게로 와라.
나의 지붕 아래서 위로를 얻고, 나의 방 안에서 안전함을 찾아라.
나로 너의 은신처가 되게 해라.
이를 위해 내가 너를 창조했다.
너는 결코 인생의 춥고 외로운 길에서 홀로 방황하도록 지어지지 않았다. 그러니 아침에 나를 찾고 낮과 밤에도 나를 찾아라.
너의 온 마음으로 나를 추구해라.
그렇게 할 때 너는 나에게서 피난처 이상을 발견하게 될 것이다.
너의 짐을 내려놓고 쉴 수 있는 곳을  발견하게 될 것이다.
또한 내가 처음부터 끝까지 줄곧 너를 뒤쫓고 있었다는 것도 알게 될 것이다.
너를 사랑한다.
너의 왕, 너의 피난처

주님, 나에게 단 하나의 소원이 있습니다. 나는 오직 그 하나만 구하겠습니다. 그것은 한평생 주님의 집에 살면서 주님의 자비로우신 모습을 보는 것과, 성전에서 주님과 의논하면서 살아가는 것입니다.

Psalms 27:4

시편 27:4

여러분은 모든 일에 있어서 뛰어납니다. 곧 믿음에서, 말솜씨에서, 지식에서, 열성에서, 우리와 여러분 사이의 사랑에서 그러합니다. 여러분은 이 은혜로운 활동에서도 뛰어나야 할 것입니다.

*2 Corinthians 8:7*

고린도후서 8:7

# 나의 보석, 내 딸아
## 탁월함을 추구해라

나는 네가 탁월함의 기준을 세우기 바란다. 주위를 둘러보아라.
많은 사람들이 탁월한 본보기를 모른 채 살아가고 있다.
너는 지금보다 높은 수준의 삶을 살도록 창조되었다.
네 안에 있는 나의 영은 최고가 되고 최선을 다하고 싶은 너의 소원과 손잡고 사람들을 평범한 수준에서 나오도록 자극하는 놀라운 능력이 있다. 우리는 그들을 격려해서 남을 축복하고 아낌없이 나누어 주는 풍성한 삶으로 인도할 수 있다.
날마다 내게로 와라. 그래서 내가 초자연적인 영역에서만 가능한 탁월한 수준으로 너를 높이게 해라. 네 힘으로 애쓰다가 나가떨어지지 말고 내게로 와라. 나는 네가 탁월한 삶에 이를 수 있는 능력과 열정을 줄 수 있고 그럴 준비도 되어 있다.
너를 사랑한다.
너의 관대한 왕

## 나의 보석, 내 딸아
## 너의 마음을 지켜라

내가 너에게 갓 태어난 아기를 준다면, 너는 그 아기를 생명을 다해 보호할 것이다. 너의 팔은 강하고, 너의 발은 든든하고, 너의 눈은 잠시도 방심하지 않을 것이다.
내가 믿을 수 있는 딸아, 주의해라! 내가 네 안에 그만큼 귀중하고 섬세한 것을 두었다. 그것은 너의 마음, 바로 너의 생명이다! 그것을 귀중히 여기고 잘 보호해라. 있는 힘을 다해 그것을 돌보아라.
세상과 세상의 모든 쾌락은 너의 마음을 나에게서 훔쳐내서 죽이기 위해 무슨 일이든 하는 유괴범과 같다. 나의 보석아, 비록 세상의 죄악된 쾌락들이 해로워 보이지 않을지라도 그것들은 너를 나에게서 떼어 놓을 것들이다. 갓난아기는 사랑의 돌봄이 없으면 무기력하듯이 너 또한 너의 마음이 나를 떠나면 고통을 받게 될 것이다. 그래서 너의 마음을 지키고 너의 생명의 근원인 내게 꼭 붙어 있으라고 부탁하는 것이다.
너를 사랑한다.
너의 왕, 너에게 생명을 준 자

그 무엇보다도 너는 네 마음을 지켜라. 그 마음이 바로 생명의 근원이기 때문이다.

Proverbs 4:23

잠언 4:23

# 나의 보석, 내 딸아
## 너는 영원히 기억될 것이다

너의 인생은 너의 자녀의 자녀들을 축복할 보물이다. 나는 네 본보기를 좇을 다음 세대들을 위해 미래를 개척하라고 너를 선택했다. 기억해라. 네가 이 세상에서 사라지고 난 훨씬 뒤에도 계속 살아 있는 것은 너의 선택과 너의 성품과 너의 사랑과 나에 대한 순종이다.

네가 나의 소명에 따라 살아가는 모습을 지켜본 모든 사람들을 나의 영이 인도하고, 그들에게 소망을 줄 것이다. 그러니 소망을 잃지 말고 나와 함께 이 영광스러운 행진을 계속하자.

네가 나와 동행할 때 너의 삶은 단지 추억 이상의 것이 될 것이다. 그것은 너를 사랑한 모든 사람들의 마음과 삶에 지울 수 없는 흔적을 남길 것이다. 네가 나를 사랑했기 때문에 그들의 자손의 자손까지 복을 받게 될 것이다.

너를 사랑한다.

너의 왕, 너의 미래

할렐루야. 주님을 경외하고 주님의 계명을 크게 즐거워하는 사람은, 복이 있다. 그의 자손은 이 세상에서 능력 있는 사람이 되며, 정직한 사람의 자손은 복을 받으며, 그의 집에는 부귀와 영화가 있으며, 그의 의로움은 영원토록 칭찬을 받을 것이다.

*Psalms 112:1-3*

시편 112:1-3

## 나의 보석, 내 딸아
## 너는 나로 시작하고 나로 끝맺는다

나의 보석아, 너의 인생이 언제 끝날지 염려하지 마라. 너는 너의 첫 호흡이 나와 함께 시작되었고, 너의 마지막 호흡이 너를 나에게로 인도할 것이라는 사실만 알면 된다. 죽음이나 영원에 대한 두려움 때문에 결코 무서워하지 마라. 너의 오늘과 내일은 나로 인해 안전하다. 그 모든 날이 태초부터 내 손 안에 있다.

이 세상에서의 짧은 생애가 끝나고 내가 너를 내 앞으로 부를 때, 천국에서의 영원한 삶이 시작된다.

그러나 지금은 두려움에서 자유로운 삶을 살아라. 두려움 대신 너의 인생길에서 만나게 될 모든 시험을 통과할 수 있도록 내가 도울 것을 믿어라. 나는 항상 너와 함께 있다. 이 세상 끝날까지.

그러니 우리가 영원의 저편에서 얼굴을 맞대고 만나는 그 날에 소망을 두고 인생을 멋지게 마무리해라.

너를 사랑한다.

너의 영원한 왕

"나는 알파며 오메가, 곧 처음이며 마지막이다.
목마른 사람에게는 내가 생명수 샘물을 거저 마
시게 하겠다."

*Revelation 21:6*

요한계시록 21:6

마치며

# 하나님의 선물

이 사랑의 편지를 읽는 동안 하나님의 사랑과 능력, 약속이 당신을 위한 것임을 발견하기를 기도합니다. 그러나 나는 당신이 그 왕을 개인적으로 친밀하게 안다는 확신 없이 이 책을 덮게 할 수는 없습니다.

왜냐하면 하나님의 사랑에 대해 읽는다고 그분의 영원한 나라에 들어가는 것은 아니기 때문입니다.

우리는 그분의 초대를 받아들이고 그분의 아들, 예수 그리스도라는 선물을 받아야 합니다. 다음의 간단한 기도를 나와 함께 함으로써 영원한 공주의 왕관을 쓰는 특권을 누리시기 바랍니다.

사랑하는 하나님, 저는 더 이상 당신이 없는 삶을
살고 싶지 않습니다. 저는 당신이 저를 위해 당신의 아들을
보내서 죽게 하셨다는 사실을 믿습니다.

그리고 그분이 나의 주, 나의 왕이 되기를 원합니다.
저의 죄를 고백하고 저에게 구원자가 필요함을 고백합니다.
당신이 값없이 주시는 영원한 생명을 선물로 받겠습니다.
당신의 생명책에 제 이름을 써주셔서 감사합니다.
예수님 이름으로 기도합니다. 아멘.

당신이 진실한 마음으로 이 기도를 했다면, 천사들이 기뻐하는 것과 살아 계신 하나님의 성령이 지금 당신 안에 계시는 것을 알 수 있을 것입니다.
당신이 이 세상에 머무는 동안 내가 당신을 만나는 영광을 얻지 못한다면 영원의 저편에서 당신을 축하하게 되기를 고대합니다.
그때까지 우리의 왕이 당신의 발걸음을 축복하시기를 바라며.

그리스도 안에서 당신의 자매가 된

세리 로즈

내가 진정으로 진정으로 너희에게 말한다. 내 말을 듣고 또 나를 보내신 분을 믿는 사람은, 영원한 생명을 가지고 있고 심판을 받지 않는다. 그는 죽음에서 생명으로 옮겨갔다.

_요한복음 5:24

한글판

# 딸아, 너는 나의 보석이란다(미니북_무선)

초판 양장 1쇄 발행 2018년 11월 1일
초판 양장 4쇄 발행 2021년 7월 23일
초판 무선 4쇄 발행 2025년 11월 25일

**지은이** 세리 로즈 세퍼드
**옮긴이** 나명화
**펴낸이** 정선숙

**펴낸곳** 협동조합 아바서원
**등록** 제 274251-0007344
**주소** 경기도 고양시 덕양구 향동로217 DMC플렉스데시앙 KB1523호
**전화** 02-388-7944 **팩스** 02-389-7944
**이메일** abbabooks@hanmail.net



ISBN 979-11-90376-57-0 00230